VZ Ratgeber Pensionierung
Pensionskasse: Rente oder Kapital beziehen? Wie sichere ich
mein Einkommen? Kann ich mir eine Frühpensionierung leisten?

Thomas Schönbucher, Nicola Waldmeier
Zürich, 2009
6. Auflage
ISBN 978-3-9523365-1-9

Alle Rechte vorbehalten
Lektorat: Silvia Marty, VZ VermögensZentrum
Gestaltung und Realisation: Corina Grütter, VZ VermögensZentrum
(Umschlag mit Verwendung eines Bildes von gettyimages®)
Copyright © 2009 by VZ VermögensZentrum

VZ RATGEBER

Pensionierung

- Pensionskasse: Rente oder Kapital beziehen?
- Wie sichere ich mein Einkommen?
- Kann ich mir eine Frühpensionierung leisten?

AHV

Pensionskasse

Steuern

Hypothek

Nachlass

Auswandern

Frühpensionierung

Budget

Vermögen

Finanzplan

Checkliste

Inhalt

Kapitel 1	**AHV** Was muss ich zum Thema AHV wissen?		12
Kapitel 2	**Pensionskasse** Soll ich die Rente oder das Kapital beziehen?		26
Kapitel 3	**Steuern** Wie spare ich Steuern bei der Pensionierung?		40
Kapitel 4	**Hypothek** Soll ich die Hypothek abzahlen?		54
Kapitel 5	**Nachlass** Wie kann ich meinen Nachlass regeln?		62
Kapitel 6	**Auswandern** Was muss ich beachten, wenn ich auswandere?		80
Kapitel 7	**Frühpensionierung** Kann ich mir eine Frühpensionierung leisten?		90
Kapitel 8	**Budget** Wie verändern sich meine Ausgaben?		102
Kapitel 9	**Vermögen** Wie sichere ich mit meinem Vermögen das Einkommen nach der Pensionierung?		110
Kapitel 10	**Finanzplan** Wie plane ich meine Finanzen richtig?		122
Kapitel 11	**Checkliste** Was muss ich wann planen?		128

Vorwort Hauseigentümerverband Schweiz (HEV Schweiz)

Seit Jahren veröffentlicht der HEV Schweiz Bücher und Ratgeber, die in weiten Kreisen Beachtung finden. Parallel dazu steht Ihnen ein breites Kursangebot zur Verfügung. Mit dem Bau des eigenen HEV-Kurslokals und der Gründung des HEV-Instituts für Eigentum und Vorsorge per 1. Januar 2004 unterstreicht der HEV seinen Willen, das Weiterbildungsangebot auch in Zukunft auszubauen. So finden seit Jahren auch ausgewählte Kurse in Zusammenarbeit mit dem VZ statt (zum Beispiel zu den Themen Pensionierung, Steuern und Nachlassplanung).

Die vorliegende sechste Auflage des Ratgebers «Pensionierung» versucht, die am häufigsten gestellten Fragen anhand von anschaulichen Beispielen zu erläutern. Selbstverständlich können Fragen rund um die Pensionierung nur im persönlichen Gespräch abschliessend behandelt werden. Wir sind jedoch überzeugt, dass dieser Ratgeber für Sie zum wertvollen Wegbegleiter wird. An dieser Stelle bedanken wir uns bei Matthias Reinhart, dem Geschäftsleiter des VZ VermögensZentrum, und seinen Mitarbeiterinnen und Mitarbeitern für die kompetente Unterstützung und die angenehme Zusammenarbeit seit vielen Jahren.

Selbstverständlich steht Ihnen der HEV Schweiz jederzeit mit Rat und Tat zur Seite. Unsere Mitglieder erhalten Rechtsauskünfte kostenlos und sämtliche Dienstleistungen (inklusive Bücher und Kurse) zu Vorzugskonditionen. Mehr Informationen finden Sie auch auf unserer Website www.hev-schweiz.ch. Besuchen Sie uns!

Ihr HEV Schweiz

Vorwort VZ VermögensZentrum

Mit der Pensionierung beginnt ein neuer Lebensabschnitt – auch in finanzieller Hinsicht. Bevor Sie Ihrem Lebensabend gelassen entgegenblicken können, müssen Sie viele Entscheide von erheblicher Tragweite treffen.

Das Thema Pensionierung ist komplex, weil Fragen zu AHV, Pensionskasse, Steuern, Hypothek, Geldanlagen und Nachlass zusammentreffen. Nur wer das notwendige Fachwissen besitzt und auch die übergeordneten Zusammenhänge kennt, kann die richtigen Empfehlungen geben.

Niemand hat so viel Erfahrung mit Pensionierungsfragen wie die Expertinnen und Experten vom VZ VermögensZentrum. Wir unterstützen jedes Jahr mehrere tausend Personen bei der finanziellen Planung ihres Ruhestands. Dieser Ratgeber gibt Antworten auf die wichtigsten Fragen, die sich im Zusammenhang mit der Pensionierung stellen. Beispielrechnungen helfen, den Sachverhalt besser zu verstehen. Und mit den vielen Tipps können Sie Geld sparen, das Sie im Ruhestand zusätzlich zur Verfügung haben.

Dieser Ratgeber kann natürlich keine fundierte Beratung ersetzen, denn die optimale Lösung sieht in jedem einzelnen Fall anders aus. Er zeigt aber Lösungsansätze auf und hilft Ihnen, die Weichen für einen finanziell gesicherten Ruhestand richtig zu stellen. Bei Fragen helfen Ihnen die VZ-Experten gerne weiter. Das erste Gespräch ist für Sie kostenlos und verpflichtet Sie zu nichts. Weitere Informationen zum VZ finden Sie auf der nächsten Seite.

Matthias Reinhart, Vorsitzender der Geschäftsleitung

Porträt VZ VermögensZentrum

Die Experten in allen Fragen rund ums Geld

Das VZ VermögensZentrum ist der führende unabhängige Finanzdienstleister der Schweiz. Wir beraten Privatpersonen und Firmen in allen Fragen zu Geldanlagen, Hypotheken, Steuern, Versicherungen sowie bei Pensionierungs- und Nachlassplanungen. Mit unseren Konzepten optimieren wir Einkommen, Vermögen und Steuern. Viele zufriedene Kundinnen und Kunden beauftragen uns auch gleich mit der Umsetzung unserer Empfehlungen. Denn wir sind nicht nur Berater, sondern auch Vermögensverwalter.

Hier sind Sie gut beraten

Ob Sie Vermögen bilden, vermehren oder neu strukturieren wollen – bei uns sind Sie an der richtigen Adresse. Profitieren Sie von den Vorteilen einer unabhängigen Beratung. Das erste Gespräch ist kostenlos und unverbindlich. Wir freuen uns auf Ihren Anruf.

Aarau	062 825 28 28	Neuchâtel	032 854 04 04
Baden	056 204 42 42	Rapperswil	055 222 04 04
Basel	061 279 89 89	Schaffhausen	052 625 04 00
Bern	031 329 26 26	St. Gallen	071 231 18 18
Genève	022 595 15 15	Thun	033 252 22 22
Lausanne	021 341 30 30	Winterthur	052 218 18 18
Liestal	061 921 61 61	Zug	041 726 11 11
Luzern	041 220 70 70	Zürich	044 207 27 27

www.vermoegenszentrum.ch
info@vermoegenszentrum.ch

Kapitel 1

AHV

Die wichtigsten Grundsätze der AHV

Die AHV-Rente soll den Existenzbedarf im Alter angemessen decken – so steht es in der Bundesverfassung. Um den Lebensstandard beizubehalten, den man vor der Pensionierung gewohnt war, reicht sie bei weitem nicht aus.
Die AHV ist ein höchst komplexes Regelwerk, das für Laien kaum durchschaubar ist. Wer seine Pensionierung plant, sollte die wichtigsten Grundsätze kennen: Wie viel AHV-Rente erhalte ich? Wie gross ist der Unterschied, wenn ich die Rente früher oder später beziehe? Wie hoch sind die AHV-Beiträge, die ich einzahlen muss, wenn ich mich vorzeitig pensionieren lasse?

Wie wird die AHV-Rente berechnet?

Die Höhe der AHV-Rente hängt von zwei Faktoren ab: erstens von den Beitragsjahren und zweitens vom durchschnittlichen Jahreseinkommen. Frauen erreichen das ordentliche Rentenalter mit 64 Jahren, Männer mit 65 Jahren. Eine Vollrente bekommt, wer ab dem 21. Altersjahr bis zum ordentlichen Rentenalter lückenlos AHV-Beiträge bezahlt hat. Fehlende Beitragsjahre führen in der Regel zu einer Rentenkürzung.
Das massgebende durchschnittliche Jahreseinkommen für die Berechnung der AHV-Rente setzt sich aus bis zu drei Elementen zusammen: dem Erwerbseinkommen, den Erziehungsgutschriften für Kinder und den Betreuungsgutschriften für die Pflege naher Verwandter. Eltern erhalten automatisch eine Erziehungsgutschrift für jedes Jahr, in dem sie mindestens ein Kind unter 16 Jahren hatten. Eine Betreuungsgutschrift muss man hingegen beantragen, und zwar jedes Jahr neu, in dem man eine pflegebedürftige Person betreut.
Die Erwerbseinkommen und Gutschriften in den Jahren, in denen eine Person verheiratet war, werden geteilt und je zur Hälfte den beiden Ehepartnern gutgeschrieben. Diese Auf-

teilung heisst Splitting. Gesplittet werden die Einkommen erst beim Tod eines Ehepartners, bei der Scheidung oder nachdem beide Ehepartner ihr ordentliches AHV-Alter erreicht haben.

Die Summe aller Einkommen, die im Lauf des Erwerbslebens zusammenkommen, wird mit einem Aufwertungsfaktor multipliziert. Damit wird der Anstieg des Lohn- und Preisniveaus über diese lange Zeit ausgeglichen.

Die aktuellen AHV-Renten

2009 beträgt die maximale Einzelrente 2'280 Franken pro Monat, das sind 27'360 Franken pro Jahr. Die Maximalrente erhält, wer keine Beitragslücken hat und auf ein massgebendes Durchschnittseinkommen von mindestens 82'080 Franken kommt. Alle Rentnerinnen und Rentner, bei denen dieser Durchschnitt 13'680 Franken oder kleiner ausfällt und die

Die Altersrenten der AHV

Renten in Fr. pro Monat; Voraussetzung: keine Beitragslücken

Massgebendes durchschnittliches Jahreseinkommen	Altersrente für Alleinstehende[1]	Zusatzrente für Kinder[2]	Altersrente für Witwen und Witwer[3]
bis 13'680 Fr.	1'140 Fr.	456 Fr.	1'368 Fr.
20'520 Fr.	1'288 Fr.	515 Fr.	1'546 Fr.
27'360 Fr.	1'436 Fr.	575 Fr.	1'724 Fr.
34'200 Fr.	1'585 Fr.	634 Fr.	1'902 Fr.
41'040 Fr.	1'733 Fr.	693 Fr.	2'079 Fr.
47'880 Fr.	1'824 Fr.	730 Fr.	2'189 Fr.
54'720 Fr.	1'915 Fr.	766 Fr.	2'280 Fr.
61'560 Fr.	2'006 Fr.	803 Fr.	2'280 Fr.
68'400 Fr.	2'098 Fr.	839 Fr.	2'280 Fr.
75'240 Fr.	2'189 Fr.	876 Fr.	2'280 Fr.
ab 82'080 Fr.	2'280 Fr.	912 Fr.	2'280 Fr.

1 Ehepaare erhalten zusammen höchstens 3'420 Fr. Rente pro Monat (150% der maximalen Einzelrente von 2'280 Fr.).
2 Für Kinder unter 18 Jahren und für Kinder unter 25 Jahren, die noch in Ausbildung sind.
3 Besteht gleichzeitig ein Anspruch auf eine Hinterlassenenrente, wird die höhere der beiden Renten ausgerichtet.

keine Beitragslücken aufweisen, erhalten die Minimalrente von 1'140 Franken pro Monat. Pensionierte mit minderjährigen Kindern oder Kindern unter 25 Jahren, die noch in Ausbildung sind, erhalten zusätzlich eine Kinderrente von bis zu 912 Franken pro Monat und Kind.

Die beiden Einzelrenten eines Ehepaares dürfen zusammen nicht mehr als 150 Prozent der Maximalrente für Alleinstehende betragen. Pensionierte Ehepaare erhalten 2009 also höchstens 41'040 Franken pro Jahr oder 3'420 Franken pro Monat. Übersteigt die Summe der beiden Einzelrenten den Maximalbetrag, werden die Renten anteilsmässig gekürzt.

Die Rente des Ehepartners, der zuerst in Pension geht, wird auf der Basis seiner eigenen durchschnittlichen Jahreseinkommen berechnet. Erst bei der Pensionierung des zweiten Ehepartners werden die Einkommen während der Ehejahre gesplittet. Die Erwerbseinkommen sind zwischen Mann und Frau in der Regel ungleich verteilt. Viele Rentner erhalten deshalb bis zur Pensionierung ihrer Ehefrau die maximale Einzelrente. Rentnerinnen bekommen hingegen bis zur Pensionierung ihres Ehemannes oft nur die Minimalrente.

Die AHV passt ihre Renten im Normalfall alle zwei Jahre der allgemeinen Lohnentwicklung und Teuerung an. Eine frühere Angleichung erfolgt, wenn die Teuerung innerhalb eines Jahres mehr als 4 Prozent beträgt.

Weniger Rente wegen Beitragslücken

Männer benötigen für eine lückenlose Beitragsdauer 44 Beitragsjahre, Frauen 43 Jahre. Für jedes fehlende Beitragsjahr wird die Rente anteilsmässig gekürzt. Lücken entstehen zum Beispiel dann, wenn jemand nicht immer in der Schweiz erwerbstätig war oder während der Studienjahre nicht wenigstens die minimalen AHV-Beiträge entrichtet hat.

Geschuldete AHV-Beiträge kann man innerhalb von fünf Jahren nachzahlen. Der Minimalbeitrag liegt 2009 bei 460 Franken pro Jahr. Wenn man schon vor dem 21. Lebensjahr

AHV-Beiträge einbezahlt hat, schliesst die Ausgleichskasse mit diesen Beiträgen Lücken, die mehr als fünf Jahre zurückliegen. Lücken von höchstens drei Jahren, die vor 1979 entstanden sind, füllt die Ausgleichskasse unter Umständen «gratis» auf: Nach 20 Beitragsjahren bekommt man ein Jahr geschenkt, nach 27 Jahren zwei und nach 34 Beitragsjahren drei Jahre. Und schliesslich werden bei Bedarf auch noch die AHV-Beiträge berücksichtigt, die im Jahr der Pensionierung bis zur ersten Rentenzahlung einbezahlt wurden.

Tipp Lassen Sie Ihre Altersrente vor Ihrer Pensionierung von der AHV berechnen. Wenn der berechnete Betrag unter Ihren Erwartungen liegt, sollten Sie die Abweichung hinterfragen. Nicht immer sind es Beitragslücken, die zu Differenzen führen. Möglicherweise wurden nicht alle Beiträge richtig verbucht. Es kommt auch vor, dass ein Arbeitgeber AHV-Beiträge vom Lohn abzieht, der Ausgleichskasse aber nicht überweist. Arbeitnehmer, die so ein Versäumnis erst nach der fünfjährigen Verjährungsfrist entdecken, müssen den Beweis für den bezogenen Lohn selbst erbringen. Wenn man Ungereimtheiten erst zum Zeitpunkt der Pensionierung feststellt, verzögert sich die Rentenzahlung unnötig. Im schlimmsten Fall muss man sich sogar mit einer tieferen Rente abfinden.

Ab 40 kann man seine voraussichtliche Rente alle fünf Jahre kostenlos berechnen lassen. Ehepaare reichen ihre Anträge für eine Rentenvorausberechnung am besten gemeinsam bei der Ausgleichskasse ein.

Rente für den hinterbliebenen Ehepartner Stirbt ein Ehepartner, wird die Altersrente des überlebenden Partners neu berechnet. Der überlebende Partner erhält eine Altersrente wie eine alleinstehende Person, allerdings mit einem Witwen- oder Witwerzuschlag von 20 Prozent. Die Altersrenten für Witwen und Witwer sind 2009 auf 2'280

Franken pro Monat begrenzt. Verwitwete Personen, die gleichzeitig die Voraussetzungen für eine Hinterlassenenrente erfüllen, erhalten die höhere der beiden Renten.

Ergänzungs-leistungen und Hilflosen-entschädigung

Wer eine AHV- oder IV-Rente bezieht und in bescheidenen finanziellen Verhältnissen lebt, hat Anspruch auf staatliche Ergänzungsleistungen. Diese Rentenzuschüsse sollen helfen, die minimalen Lebenskosten zu decken, wenn die Rente und das übrige Einkommen nicht ausreichen. Ein Anspruch auf Ergänzungsleistungen besteht möglicherweise schon dann, wenn die Einnahmen die Ausgaben nur knapp übersteigen. Rentnerinnen und Rentner, die pflegebedürftig sind, können eine Hilflosenentschädigung beantragen. Je nach Grad der Hilflosigkeit oder Pflegebedürftigkeit beträgt diese Entschädigung 2009 bis zu 912 Franken pro Monat. Die Hilflosenentschädigung erhalten auch Pflegebedürftige, die in wirtschaftlich gesicherten Verhältnissen leben.

Ohne Anmeldung keine Rente

Die AHV-Rente kommt nicht automatisch, sobald jemand das AHV-Alter erreicht hat. Der Bezug der Rente muss bei der Ausgleichskasse angemeldet werden, an die man zuletzt AHV-Beiträge einbezahlt hat. Das Anmeldeformular ist bei allen Ausgleichskassen und im Internet erhältlich (www.ahv-iv.info in der Rubrik «Formulare»).

Tipp

Melden Sie sich am besten drei bis sechs Monate vor Ihrer Pensionierung an, damit die erste Rente pünktlich ausbezahlt wird. Die Adresse der zuständigen Ausgleichskasse erhalten Sie von Ihrem Arbeitgeber.

Vorbezug der Rente

AHV-Renten kann man höchstens ein oder zwei Jahre vor dem regulären Rentenalter beziehen; Frauen frühestens mit 62 Jahren, Männer mit 63 Jahren. Einen vorzeitigen Rentenbezug muss man spätestens im Monat vor seinem Geburtstag bei der AHV einreichen. Danach ist ein Vorbezug erst wieder ab dem folgenden Geburtstag möglich.

Ein Vorbezug um ein Jahr führt zu einer Rentenkürzung um 6,8 Prozent. Bei einem Vorbezug um zwei Jahre wird die Rente um 13,6 Prozent gekürzt. Frauen der Jahrgänge 1947 und älter profitieren von einer Übergangsregelung; ihre Renten werden nur um 3,4 Prozent pro Jahr gekürzt.

Lohnt sich ein Vorbezug? Es hängt in erster Linie von der Lebenserwartung ab, ob sich ein Vorbezug finanziell lohnt. Angenommen, ein alleinstehender Frühpensionär bezieht seine Rente mit 63 statt mit 65 Jahren. Seine Rente schrumpft dadurch um 13,6 Prozent. Wenn er Anrecht auf die Maximalrente hat, erhält er nur 23'640 Franken statt 27'360 Franken jährlich (siehe untenstehende Tabelle).

Der Vorbezug zahlt sich aus, wenn der Rentner relativ früh stirbt, zum Beispiel schon mit 70 Jahren. Bis zu seinem Tod bezieht er in diesem Fall AHV-Renten von insgesamt

Vergleich: Vorbezug, Aufschub und regulärer Bezug der AHV-Rente

Basis: Alleinstehender Mann, maximale AHV-Rente; Angaben in Fr.

	Vorbezug 2 Jahre	Vorbezug 1 Jahr	Regulärer Bezug	Aufschub 1 Jahr	Aufschub 3 Jahre
Rente pro Jahr	23'640	25'500	27'360	28'780	32'040
Rentenkürzung/-zuschlag	–13,6%	–6,8%		+5,2%	+17,1%
Total Renten bis					
Alter 70	165'480	153'000	136'800	115'120	64'080
Alter 75	283'680	280'500	273'600	259'020	224'280
Alter 76	307'320	306'000	300'960	287'800	256'320
Alter 77	330'960	331'500	328'320	316'580	288'360
Alter 78	354'600	357'000	355'680	345'360	320'400
Alter 79	378'240	382'500	383'040	374'140	352'440
Alter 80	401'880	408'000	410'400	402'920	384'480
Alter 85	520'080	535'500	547'200	546'820	544'680
Alter 90	638'280	663'000	684'000	690'720	704'880
Alter 100	874'680	918'000	957'600	978'520	1'025'280

165'480 Franken. Beim regulären Bezug ab 65 wären es bis zu diesem Zeitpunkt nur 136'800 Franken. Bei rund 78 Jahren kippt die Rechnung: Ab diesem Alter ist die Summe aller AHV-Renten höher, wenn die Rente erst ab 65 ausbezahlt wurde. Die Lebenserwartung eines 65-jährigen Mannes liegt heute bei rund 83 Jahren. Der Vorbezug lohnt sich also nur für Rentner, die von einer unterdurchschnittlichen Lebenserwartung ausgehen.

Für Frauen mit Jahrgang 1948 und jünger sieht die Rechnung ähnlich aus; sie fahren bei einem Vorbezug um zwei Jahre besser als mit dem regulären Bezug ab 64, wenn sie nicht älter als 77 werden. Eine 64-jährige Frau wird heute im Durchschnitt rund 86 Jahre alt.

Frauen mit Jahrgang 1947 und älter sollten einen Vorbezug auf jeden Fall prüfen – auch wenn sie nicht vorzeitig in Pension gehen. Wegen der tieferen Kürzungssätze profitieren sie von einem Vorbezug, solange sie nicht viel älter als 90 Jahre werden. Dieses Alter liegt rund vier Jahre über der durchschnittlichen Lebenserwartung einer 64-jährigen Frau.

Tipp	**Machen Sie den Entscheid für oder gegen einen Vorbezug nicht allein von der Einschätzung Ihrer Lebenserwartung abhängig. Wichtig sind auch die persönliche Einkommens-, Vermögens- und Steuersituation. AHV-Renten sind vollumfänglich als Einkommen zu versteuern. Genau durchzurechnen ist ein Vorbezug zum Beispiel, wenn der Ehepartner noch arbeitet. Sein Erwerbseinkommen und die vorbezogene Rente könnten zusammen eine so hohe Steuerprogression auslösen, dass die zusätzliche Steuerlast die Vorteile des Vorbezugs zunichte machen.**
Aufschub der AHV-Rente	Die AHV-Rente kann man auch aufschieben, damit man lebenslang eine höhere Rente bekommt. Der Aufschub muss mindestens zwölf Monate und kann höchstens fünf Jahre

betragen. Die AHV-Rente eines Mannes, der den Bezug bis 70 hinausschiebt, fällt 31,5 Prozent höher aus, als wenn er die erste Rente mit 65 bezieht.

Bei einem aufgeschobenen Bezug erhöht sich die Rente

Rentenerhöhung in Prozent nach einer Aufschubdauer von

Jahren	und Monaten			
	0 bis 2	3 bis 5	6 bis 8	9 bis 11
1	5,2%	6,6%	8,0%	9,4%
2	10,8%	12,3%	13,9%	15,5%
3	17,1%	18,8%	20,5%	22,2%
4	24,0%	25,8%	27,7%	29,6%
5	31,5%	–	–	–

Lesebeispiel: Wer den Rentenbezug um 2 Jahre und 8 Monate aufschiebt, erhält lebenslänglich eine um 13,9% höhere Rente.

Wer seine Rente aufschieben möchte, muss die zuständige AHV-Zweigstelle informieren, und zwar spätestens ein Jahr, nachdem er das reguläre Pensionsalter erreicht hat. Auf eine definitive Aufschubdauer muss man sich nicht sofort festlegen: Wenn die Mindestdauer von einem Jahr abgelaufen ist, kann man die erste Rente jederzeit abrufen.

Einen Aufschub kann man auch widerrufen. Dafür hat man nach dem Erreichen des normalen Pensionsalters ein Jahr Zeit. Die reguläre Rente wird in so einem Fall rückwirkend ausbezahlt.

Tipp   Einen Aufschub der AHV-Rente sollten Sie vor allem dann prüfen, wenn Sie mit 65 noch nicht auf die Rente angewiesen sind und ein hohes steuerbares Einkommen haben. Je nach Grenzsteuersatz gehen in so einem Fall über 40 Prozent der AHV-Rente an den Fiskus. Ohne Steuereffekte müssen Sie mindestens ungefähr 86 Jahre alt werden, bis sich der Aufschub lohnt. Die Tabelle auf Seite 17 zeigt, dass die Rentensumme erst ab diesem Alter höher ist als bei einem regulären Bezug.

AHV-Beiträge bei vorzeitiger Pensionierung

Viele Frühpensionierte wissen nicht, dass sie weiterhin AHV-Beiträge zahlen müssen, auch wenn ihr Erwerbseinkommen wegfällt. Die Beitragspflicht endet erst mit dem ordentlichen Rentenalter, für Männer also mit 65 Jahren und für Frauen mit 64 Jahren.

Bei Frühpensionierten ist nicht mehr das Erwerbseinkommen die Berechnungsbasis für die AHV-Beiträge. Die Beiträge für Nichterwerbstätige richten sich nach dem Vermögen und dem 20-fachen Renteneinkommen. Zum massgebenden Vermögen gehören Sparguthaben, Wertpapiere, Liegenschaften und Vermögenswerte, auch wenn der Beitragspflichtige nur ein Nutzniessungsrecht daran hat. Zum Renteneinkommen werden auch Rentenzahlungen aus dem Ausland gerechnet. AHV- und IV-Renten, Ergänzungsleistungen, Vermögenserträge wie Mieteinnahmen und gesetzliche Unterhaltszahlungen von Familienangehörigen werden hingegen nicht berücksichtigt.

Je nach Höhe des massgebenden Vermögens und Renteneinkommens sind AHV-Beiträge zwischen 460 und 10'100 Franken pro Jahr und Person fällig. Hinzu kommen je nach Ausgleichskasse bis zu 3 Prozent Verwaltungskosten.

Angenommen, das Vermögen eines Frühpensionierten beträgt 500'000 Franken, sein jährliches Renteneinkommen 50'000 Franken. In diesem Fall muss er 2'929 Franken pro Jahr in die AHV einzahlen (Berechnungsgrundlage: 500'000 Franken Vermögen plus 20-faches Renteneinkommen = 1'500'000 Franken; siehe Darstellung auf der nächsten Seite). Bei verheirateten Nichterwerbstätigen wird die Hälfte des gemeinsamen Vermögens und Renteneinkommens als Berech-

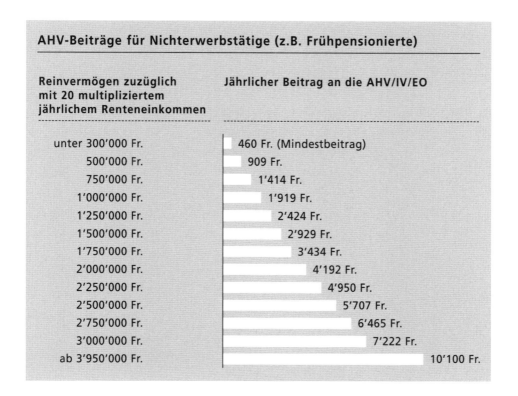

nungsgrundlage herangezogen. Beträgt das Vermögen eines frühpensionierten Ehepaars zum Beispiel 400'000 Franken und das massgebende Renteneinkommen 80'000 Franken pro Jahr, müssen beide Ehepartner einen Beitrag von je 1'919 Franken leisten (Berechnungsgrundlage: 1'000'000 Franken).

Teilzeiteinkommen senkt Beiträge

Wer sich schrittweise pensionieren lässt oder nach der Frühpensionierung noch ein Teilzeiteinkommen hat, kann seine eigenen AHV-Beiträge senken und seinen Ehepartner unter Umständen ganz von der Beitragspflicht befreien. Beträgt das jährliche Arbeitspensum mindestens 50 Prozent, gilt man bei der AHV als erwerbstätig und leistet Beiträge aufgrund des Erwerbseinkommens. Bei einem kleineren Pensum vergleicht die Ausgleichskasse die Beiträge, die als Nichterwerbstätiger geschuldet sind, mit den Beiträgen aus dem Erwerbseinkommen inklusive den Beiträgen des Arbeitgebers. Sind die Beiträge aus dem Erwerbseinkommen höher als die Hälfte der Nichterwerbstätigen-Beiträge, ist die Beitragspflicht erfüllt und es sind keine zusätzlichen Beiträge geschuldet. Bezahlt der erwerbstätige Ehepartner mindestens 920 Franken AHV-Beiträge im Jahr, entfällt die Beitragspflicht für seinen nichterwerbstätigen Partner.

Beispiel

Ein Beispiel verdeutlicht das Sparpotenzial. Ein frühpensioniertes Ehepaar muss aufgrund des Renteneinkommens und Vermögens AHV-Beiträge von 3'838 Franken leisten. Angenommen, die Ehefrau arbeitet noch 20 Prozent und erhält dafür ein Jahresgehalt von 15'000 Franken. Von diesem Erwerbseinkommen fliessen 1'515 Franken an die AHV. Die Hälfte davon wird der Frau vom Lohn abgezogen, die andere Hälfte zahlt ihr Arbeitgeber. Als Nichterwerbstätige müsste sie 1'919 Franken in die AHV einzahlen.

Weil die Beiträge auf dem Erwerbseinkommen 960 Franken übersteigen (50 Prozent von 1'919 Franken), ist ihre AHV-Beitragspflicht erfüllt. Und auch ihr Ehemann muss nichts mehr bezahlen, weil die Frau im Sinne der AHV als erwerbstätig gilt und ihre Beiträge 920 Franken übersteigen. Das Ehepaar zahlt also nur die AHV-Beiträge von 757 Franken, die der Ehefrau vom Jahresgehalt abgezogen werden. Durch das Teilzeitpensum der Ehefrau spart das Paar 3'081 Franken AHV-Beiträge im Jahr.

Tipp

Die AHV fordert Sie nicht automatisch dazu auf, Beiträge zu zahlen. Wenn Sie vorzeitig in Pension gehen, müssen Sie sich bei der Zweigstelle Ihrer Wohngemeinde als nichterwerbstätig anmelden. Sonst riskieren Sie eine Beitragslücke, die Ihre Altersrente vermindern kann. Spätestens wenn Sie den Bezug Ihrer Rente anmelden, wird die AHV das Versäumnis feststellen und die Beiträge der letzten fünf

Jahre nachfordern – samt Verzugszins. Vergessen Sie nicht, die AHV-Beiträge in der Steuererklärung vom steuerbaren Einkommen abzuziehen.

AHV-Beiträge bei aufgeschobener Pensionierung

Wer das ordentliche Rentenalter erreicht hat und weiterhin erwerbstätig ist, bleibt ebenfalls beitragspflichtig. Angestellte zahlen AHV-, IV- und EO-Beiträge von 5,05 Prozent des Erwerbseinkommens, Selbstständige je nach Einkommen 5,1 bis 9,4 Prozent. Für Erwerbstätige im Rentenalter gilt ein Freibetrag von 1'400 Franken pro Monat oder 16'800 Franken pro Jahr. Beiträge werden nur auf dem Einkommen erhoben, das diesen Freibetrag übersteigt.

Wer verschiedene Tätigkeiten ausübt und dafür separat entlöhnt wird, kann den Freibetrag für jede dieser Tätigkeiten geltend machen. Das gilt zum Beispiel dann, wenn man gleichzeitig bei zwei Arbeitgebern angestellt ist; oder wenn man angestellt ist und daneben mit einer selbstständigen Tätigkeit Geld verdient.

Kapitel 2

Pensionskasse

Pensionskasse: lebenslange Rente oder einmalige Auszahlung?

Über das gesamte Erwerbsleben hinweg sammelt sich in der Pensionskasse ein beachtliches Guthaben an. Wenn die Pensionierung näher rückt, steht man vor der Wahl, das Kapital auszahlen zu lassen oder als lebenslange Rente zu beziehen. Es gibt keine allgemeingültige Antwort auf die Frage, was besser ist.

Der Entscheid wirkt sich nicht nur auf die Höhe und die Sicherheit des Einkommens nach der Pensionierung aus, sondern auch auf die finanzielle Flexibilität, die Steuerrechnung und die Absicherung der Angehörigen. Deshalb ist es wichtig, die Unterschiede zu kennen und sorgfältig abzuwägen, welche Lösung den persönlichen Familien- und Vermögensverhältnissen am besten entspricht.

Anmeldefrist Kapitalbezug

Wer sich für die Rente entscheidet, muss nichts unternehmen. Im Fall eines Kapitalbezugs verlangen die Pensionskassen hingegen eine vorzeitige Anmeldung von bis zu drei Jahren. Angehende Pensionierte sollten frühzeitig abklären, welche Anmeldefrist bei ihrer Pensionskasse gilt, damit sie genügend Zeit haben, sich zu entscheiden. Wenn die Anmeldefrist abgelaufen ist, kann man nicht mehr auf der Auszahlung des Kapitals bestehen. Umgekehrt lässt sich ein angemeldeter Kapitalbezug nach Ablauf der Frist in der Regel nicht mehr widerrufen.

Der Umwandlungssatz bestimmt die Rente

Die Höhe der Rente hängt vom Umwandlungssatz ab, mit dem das vorhandene Altersguthaben multipliziert wird. Ein Pensionskassenguthaben von 100'000 Franken ergibt bei einem Umwandlungssatz von 6,8 Prozent eine Rente von 6'800 Franken pro Jahr. Je niedriger der Satz, desto niedriger die Rente.

Gegenüberstellung von Renten- und Kapitalbezug

	Rentenbezug	Kapitalbezug
Sicherheit des Einkommens	Lebenslang garantiertes Einkommen	Abhängig von der Anlagestrategie
Höhe des Einkommens	Abhängig vom Umwandlungssatz der Pensionskasse	Abhängig von der Anlagestrategie
Flexibilität	Fixe Rente pro Monat	Frei planbare Kapitalentnahmen
Teuerungsausgleich	Abhängig von den finanziellen Möglichkeiten der Pensionskasse, i.d.R. kein vollständiger Ausgleich der Teuerung	Teuerungsausgleich je nach Wahl der Kapitalanlagen gewährleistet (z.B. durch höhere Zinserträge)
Steuern	Rente zu 100% als Einkommen steuerbar	Einmalige Besteuerung zum Zeitpunkt des Kapitalbezugs (getrennt vom übrigen Einkommen), danach Kapital als Vermögen und Kapitalerträge als Einkommen steuerbar
Hinterbliebener Ehepartner	Witwen- bzw. Witwerrente von 60% der Altersrente des verstorbenen Ehepartners[1]	Je nach Planung Einkommensbezüge in unveränderter Höhe möglich[2]
Andere Hinterbliebene	Keine Rente an erwachsene Kinder mit abgeschlossener Ausbildung, je nach Pensionskasse Rente an Konkubinatspartner möglich	Begünstigung unter Berücksichtigung des Erbrechts möglich

[1] Entspricht der gesetzlichen Regelung; je nach Pensionskasse davon abweichende Bestimmungen möglich.
[2] Voraussetzung: Erbrechtliche Meistbegünstigung des Ehepartners.

Der Umwandlungssatz für den obligatorischen Teil des Altersguthabens ist im Pensionskassengesetz vorgegeben. 2009 beträgt er bei der regulären Pensionierung 7,05 Prozent für Männer und 7 Prozent für Frauen. Das Parlament hat 2005 entschieden, den Umwandlungssatz aufgrund der gestiegenen Lebenserwartung bis 2014 schrittweise von 7,2 Prozent auf 6,8 Prozent für beide Geschlechter zu senken (siehe Tabelle auf der folgenden Seite). Anfang 2009 entschied das Parlament, den Umwandlungssatz in den nächsten Jahren sogar auf 6,4 Prozent zu senken. Die Politiker begründen diese Massnahme mit dem Umstand, dass die Renditeaussichten an den Finanzmärkten gesunken sind. Gegen diese zusätzliche Senkung wurde jedoch das Referendum ergriffen. Das Volk entscheidet voraussichtlich 2010 über diese zusätzliche Senkung des Umwandlungssatzes.

Der gesetzliche Renten-Umwandlungssatz sinkt		
Ordentliche Pensionierung im Jahr	Umwandlungssatz nach aktuell geltendem Recht	
	Männer	Frauen
2009	7,05%	7,00%
2010	7,00%	6,95%
2011	6,95%	6,90%
2012	6,90%	6,85%
2013	6,85%	6,80%
2014	6,80%	6,80%

Für die Rentnerinnen und Rentner, die bereits pensioniert sind, hat dieser Entscheid keine Bedeutung: Die lebenslange Rente wird nach dem Umwandlungssatz berechnet, der bei der Pensionierung ihres Jahrgangs in Kraft war.

Eine Frühpensionierung schützt nicht vor einer Rentenkürzung, falls eine weitere Senkung des Umwandlungssatzes beschlossen wird. Entscheidend für den Umwandlungssatz ist nämlich der Jahrgang, nicht der Zeitpunkt der Pensionierung.

Der Umwandlungssatz für überobligatorische Guthaben ist von Pensionskasse zu Pensionskasse verschieden. Oft ist er deutlich niedriger als der Satz für das Obligatorium. Bei etlichen Pensionskassen liegt er bei 5,8 Prozent für Männer und 5,6 Prozent für Frauen.

Wer sich frühpensionieren lässt, muss einen tieferen Umwandlungssatz für das obligatorische und überobligatorische Guthaben in Kauf nehmen. Die Pensionskassen kürzen den Satz in der Regel um etwa 0,2 Prozentpunkte pro Jahr. Beträgt der Umwandlungssatz bei der regulären Pensionierung zum Beispiel 7 Prozent, sinkt er auf 6,6 Prozent, wenn man zwei Jahre früher aufhört.

Vor- und Nachteile der Rente

Es sind vor allem zwei Gründe, die für den Bezug einer Rente sprechen: Das Renteneinkommen ist bis ans Lebensende garantiert, und man braucht sich um die Anlage seines Guthabens nicht zu kümmern. Der entscheidende Nachteil des Rentenbezugs ist für viele die schlechtere Leistung für die Hinterbliebenen. Der überlebende Ehepartner oder eingetragene Partner erhält meistens nur 60 Prozent der Pensionskassenrente seines verstorbenen Partners. Zusammen mit der Kürzung der AHV-Rente schrumpft das Einkommen des überlebenden Partners so stark, dass er sich finanziell oft erheblich einschränken muss.

Kinder, die erwachsen sind und ihre Ausbildung abgeschlossen haben, bekommen in der Regel gar nichts, wenn der Rentenbezüger gestorben ist. Bei einigen Pensionskassen gehen auch Konkubinatspartner leer aus. Nach dem Tod der rentenberechtigten Personen verfällt das noch nicht aufgebrauchte Kapital zugunsten der Pensionskasse.

Tipp

Schauen Sie im Reglement der Pensionskasse nach, welche Leistungen Ihre Pensionskasse für Hinterbliebene vorsieht. Das kann Sie vor bösen Überraschungen bewahren. Manche Pensionskassen kürzen nämlich ihre überobligatorischen Leistungen an hinterbliebene Ehepartner, wenn der Versicherte erst nach der Pensionierung heiratete, oder wenn der Altersunterschied zwischen den beiden Ehepartnern mehr als zehn Jahre beträgt.

Renten sind nur beschränkt sicher

Wer sein Pensionskassenguthaben als Rente bezieht, muss sich bewusst sein, dass dieses Einkommen wegen der Teuerung über die Jahre normalerweise deutlich an Wert verliert. Pensionskassen sind nicht gesetzlich verpflichtet, ihre Altersrenten von Zeit zu Zeit der allgemeinen Preisentwicklung anzupassen. Der Stiftungsrat jeder Pensionskasse kann frei entscheiden, ob die finanzielle Situation der Kasse einen Teuerungsausgleich zulässt oder nicht.

Die meisten Pensionskassen gleichen die Teuerung in der Regel nicht oder nur teilweise aus. Bei einer jährlichen Inflation von 2 Prozent, die nicht ausgeglichen wird, sinkt die Kaufkraft einer Rente von heute 3'000 Franken in zehn Jahren auf 2'450 Franken, in 20 Jahren auf 2'000 Franken und in 30 Jahren auf 1'640 Franken. Viele Rentner können sich über die Jahre also immer weniger leisten.

Es ist zudem denkbar, dass sich Pensionierte künftig stärker als heute an den Kosten einer Pensionskassensanierung beteiligen müssen. Pensionskassen, die sich in einer finanziellen Schieflage befinden, können ihre Rentnerinnen und Rentner nach den heutigen Gesetzen nur bedingt zur Sanierung heranziehen. Sie dürfen die Renten von Pensionierten höchstens um den Betrag kürzen, um den sie sie in den vergangenen zehn Jahren als Ausgleich der Teuerung oder aufgrund anderer freiwilliger Leistungen erhöht haben.

Der Widerstand gegen diese Bestimmung nimmt stark zu. Immer mehr Erwerbstätige fordern, dass im Falle einer Sanierung in Zukunft auch die Pensionierten Abstriche bei ihren Renten machen müssen, damit sich die Sanierungskosten gleichmässiger auf alle Betroffenen verteilen.

Mehr Flexibilität beim Kapitalbezug

Wer sein Pensionskassenguthaben auszahlen lässt, kann frei darüber verfügen und die Höhe der Bezüge nach seinen Bedürfnissen festlegen. In den ersten Jahren nach der Pensionierung kann man sich zum Beispiel ein höheres Einkommen auszahlen oder einmal einen grösseren Betrag abzweigen, etwa um die Hypothek zu senken, das Haus zu renovieren oder um den Kindern einen Erbvorbezug auszuzahlen. Das Geld, das beim Tod noch nicht aufgebraucht ist, gehört den Hinterbliebenen. Das verbessert in vielen Fällen die finanzielle Situation des überlebenden Ehe- oder Konkubinatspartners. Voraussetzung ist allerdings, dass man den Partner ehe- und erbrechtlich so weit wie möglich begünstigt.

Einkommen und Sicherheit bei einem Kapitalbezug

Wer sein Pensionskassenguthaben auszahlen lässt, muss damit eine Art Ersatzrente erwirtschaften. Nur wenn man den grössten Teil des Kapitals in Wertschriften anlegt, kann man einen Ertrag erwirtschaften, der sich mit der Pensionskassenrente vergleichen lässt.

Vergleich des Einkommens bei Kapital- und Rentenbezug

Basis: Mann, 65 Jahre alt

Kapitalbezug

PK-Kapital	400'000 Fr.	800'000 Fr.
– Kapitalauszahlungssteuern[1]	–30'000 Fr.	–72'000 Fr.
PK-Kapital nach Steuern	370'000 Fr.	728'000 Fr.
Einkommen pro Jahr[2]	**24'320 Fr.**	**47'860 Fr.**

Rentenbezug

PK-Kapital	400'000 Fr.	800'000 Fr.
PK-Rente pro Jahr[3]	25'600 Fr.	51'200 Fr.
– Einkommenssteuern pro Jahr[4]	–6'400 Fr.	–12'800 Fr.
Einkommen pro Jahr	**19'200 Fr.**	**38'400 Fr.**

1 Je nach Wohnort unterschiedlich.
2 Annahmen: Kapitalverzehr innert 21 Jahren (statistische Restlebenserwartung 18 Jahre plus Sicherheitsmarge von 3 Jahren), erwartete Nettorendite pro Jahr (nach Steuern) auf Kapitalanlagen von 3,5%.
3 Angenommener Umwandlungssatz von 6,4% (je nach Pensionskasse und abhängig vom Verhältnis zwischen obligatorischem und überobligatorischem Kapital).
4 Annahme: Grenzsteuersatz 25% (je nach Wohnort und steuerbarem Einkommen unterschiedlich).

In eine Pensionskassenrente fliessen nicht nur die Erträge aus dem angelegten Kapital. Im Lauf der Jahre braucht die Pensionskasse das Kapital vollständig auf. Diese Mischung ist auch für Pensionierte sinnvoll, die ihr Kapital selber bewirtschaften: Ein vergleichbares Einkommen können sie nur erzielen, wenn sie ihr Guthaben über die Zeit aufzehren. Die Zinserträge alleine reichen normalerweise nicht aus, um den Einkommensbedarf zu decken.

Beim Kapitalbezug hängen Höhe und Sicherheit des Einkommens davon ab, wie das Geld angelegt ist. Im Gegensatz zur Rente trägt der Pensionierte das Anlagerisiko selbst. Auch auf diesem Weg kann er ein sicheres Einkommen bis zum Lebensende erwirtschaften. Entscheidend ist die richtige Anlagestrategie, die auf seine Bedürfnisse abgestimmt ist.

Tipp	**Wenn Sie Ihr Pensionskassenguthaben auszahlen lassen und es selbst anlegen, sollten Sie immer im Auge behalten, dass dieses Geld der Einkommenssicherung im Alter dient. Der Ertrag aus diesem Guthaben ersetzt das Einkommen, das nach der Pensionierung wegfällt. Deshalb ist die Rendite nicht das einzige Ziel – Sicherheit und Verfügbarkeit des Geldes sind mindestens so wichtig. Wie Sie das Pensionskassenguthaben am besten anlegen, damit Sie bis ans Lebensende davon leben können, erfahren Sie später im Kapitel «Vermögen».**
Auswirkungen auf die Steuern	Die Pensionskassenrente muss man vollumfänglich als Einkommen versteuern. Der Kapitalbezug hingegen wird nur einmal besteuert, und zwar getrennt vom übrigen Einkommen und zu einem tieferen Steuersatz als gewöhnliches Einkommen. Die Höhe der Steuer hängt in erster Linie vom ausbezahlten Betrag und vom Wohnort ab. Das ausbezahlte Kapital wird Teil des steuerbaren Vermögens, die Vermögenserträge werden als Einkommen besteuert. Deshalb ist der

Kapitalbezug auf Dauer steuerlich attraktiver als die Rente, wie eine Vergleichsrechnung zeigt.

Das Pensionskassenguthaben eines 65-jährigen, alleinstehenden Mannes beträgt 500'000 Franken. Dafür erhält er eine Rente von 34'000 Franken pro Jahr (siehe Tabelle unten). Bei einem Grenzsteuersatz von 25 Prozent fallen dadurch jedes Jahr 8'500 Franken Einkommenssteuern an. Netto bleibt dem Rentner folglich ein Einkommen von 25'500 Franken pro Jahr.

Der Kapitalbezug ist auf Dauer steuerlich attraktiver

Ausgangslage: Pensionskassenkapital 500'000 Fr., 10% Kapitalauszahlungssteuer

	Rentenbezug			Kapitalbezug			
Jahr	Jährliche Rente[1]	Rente nach Steuern[2]	Total Steuern	Jährliche Kapitalentnahme	Stand Kapital[3]	Einkommen nach Steuern[4]	Total Steuern
1	34'000	25'500	8'500	30'000	440'250	25'047	54'953
2	34'000	25'500	17'000	30'000	428'711	25'177	59'776
3	34'000	25'500	25'500	30'000	416'653	25'313	64'463
4	34'000	25'500	34'000	30'000	404'053	25'454	69'009
5	34'000	25'500	42'500	30'000	390'885	25'603	73'406
10	34'000	25'500	85'000	30'000	315'607	26'449	92'927
11	34'000	25'500	93'500	30'000	298'459	26'642	96'285
12	34'000	25'500	102'000	30'000	280'540	26'844	99'441
13	34'000	25'500	110'500	30'000	261'814	27'055	102'387
14	34'000	25'500	119'000	30'000	242'246	27'275	105'112
15	34'000	25'500	127'500	30'000	221'797	27'505	107'607
16	34'000	25'500	136'000	30'000	200'428	27'745	109'862
17	34'000	25'500	144'500	30'000	178'097	27'996	111'865
18	34'000	25'500	153'000	30'000	154'762	28'259	113'606
19	34'000	25'500	161'500	30'000	130'376	28'533	115'073
20	34'000	25'500	170'000	30'000	104'893	28'820	116'253

1 Angenommener Rentenumwandlungssatz: 6,8%.
2 Angenommener Grenzsteuersatz: 25%.
3 Angenommene jährliche Rendite auf dem angelegten Kapital: 4,5%.
4 Annahmen: 2,5% steuerbare Wertschriftenerträge pro Jahr, Grenzsteuersatz 25%, Vermögenssteuersatz 0,5%.

Statt die Rente zu beziehen, kann unser 65-Jähriger sein Pensionskassenguthaben auszahlen lassen und selber verwalten. Bei der Auszahlung der 500'000 Franken werden je nach Kanton ungefähr 50'000 Franken Steuern fällig. Die restlichen 450'000 Franken legt unser Pensionär selber an und zahlt sich davon jedes Jahr 30'000 Franken aus. Damit kommt er nach Abzug der Steuern auf ein Nettoeinkommen, das mit der Rente vergleichbar ist. Er rechnet mit einer Rendite von durchschnittlich 4,5 Prozent pro Jahr. Beim Kapitalverzehr muss er nur die Zins- und Dividendenerträge als Einkommen versteuern. Das Kapital, das am Jahresende übrig ist, wird dem steuerbaren Vermögen angerechnet. Von der jährlichen Wertschriftenrendite von 4,5 Prozent sind zirka 2,5 Prozent steuerbares Einkommen, die restlichen 2 Prozent fallen als steuerfreie Kursgewinne an.

Der Kapitalbezug ist in der Vergleichsrechnung nach 12 Jahren steuerlich attraktiver als der Rentenbezug. Nach 20 Jahren hat unser Pensionär gegenüber dem Rentenbezug über 50'000 Franken weniger Steuern gezahlt.

Keine Frage der aktuellen Börsenlage

Angehende Pensionierte lassen sich beim Entscheid für eine Rente oder den Kapitalbezug oft von der aktuellen Lage an den Finanzmärkten leiten. Wenn die Börsenkurse steigen, scheint vielen die Auszahlung des Pensionskassenguthabens attraktiver. Sie versprechen sich ein höheres Einkommen als mit der Rente, wenn sie ihr Geld selbst anlegen. Während einer Börsenkrise hingegen entscheiden sich deutlich mehr dafür, ihr gesamtes Altersguthaben als Rente zu beziehen. Die Auszahlung des Pensionskassenguthabens erscheint vielen in solchen Phasen zu riskant. Sie fürchten sich davor, ihr Vermögen zu verspekulieren und im Alter mit leeren Händen dazustehen.

Bei diesem wichtigen Entscheid verdienen langfristige Überlegungen jedoch viel mehr Gewicht als die aktuelle Börsenlage. Statistisch gesehen leben Männer nach der Pensionierung mit 65 Jahren noch rund 18 Jahre. Frauen können bei der Pensionierung mit 64 noch mit rund 22 Lebensjahren rechnen. Der Anlagehorizont für ihre Vorsorgegelder beträgt also etwa 20 Jahre. Wenn man sich den langen Zeithorizont vor Augen hält, verliert die aktuelle Börsenlage an Bedeutung. Kurzfristige Schwankungen nach oben wie nach unten wirken sich nämlich nur geringfügig auf die langfristige Wertentwicklung aus.

Kapitalbezug und Rente kombinieren

Vielen angehenden Pensionierten fällt es schwer, sich zwischen der Rente und dem Kapitalbezug zu entscheiden. Deshalb wählen immer mehr eine Kombination: sie beziehen einen Teil des Guthabens als Rente und lassen sich den Rest auszahlen. Die Rente dient zur Absicherung der Existenz bis ins hohe Alter. Mit dem ausbezahlten Kapital kann man sich jederzeit besondere Wünsche erfüllen.

Der Entscheid lautet also zunehmend «Rente und Kapital» statt «Rente oder Kapital». Mit der richtigen Mischung lassen sich die Vorzüge beider Varianten kombinieren und die Risiken verteilen. Alle Versicherten haben das Recht, mindestens 25 Prozent ihres obligatorischen Altersguthabens als Kapital zu beziehen. Bei vielen Pensionskassen können die Versicherten frei wählen, welchen Anteil ihres Guthabens sie als Rente und als Kapital beziehen möchten.

Tipp

Wenn Sie nur einen Teil Ihres Pensionskassenguthabens in Kapitalform beziehen möchten, sollten Sie abklären, welchem Topf die Pensionskasse das Kapital entnimmt. Einige Kassen zahlen den Betrag proportional aus Obligatorium und Überobligatorium aus, andere zahlen zuerst den überobligatorischen Teil aus. Letzteres ist für Sie vorteilhafter, wenn für den überobligatorischen Teil ein tieferer Umwandlungssatz gilt als für den obligatorischen.

Mittelweg für Ehepaare

Auch Ehepaare wählen häufig einen Mittelweg: Ein Ehepartner bezieht das Kapital, der andere die Rente. In diesem Fall stellt sich die Frage, wer von beiden die Rente wählen soll.

Um die richtige Antwort zu finden, muss man vergleichen, wie die beiden Pensionskassen ihre Renten berechnen. Je höher der Umwandlungssatz, desto höher die Rente. Deshalb sollte jener Ehepartner die Rente beziehen, dessen Pensionskasse den höheren Umwandlungssatz anwendet. Vergleichen sollte man zudem, wie die Leistungen an den überlebenden Ehepartner aussehen.

Auch die Lebenserwartung der Ehepartner kann bei diesem Entscheid eine wichtige Rolle spielen, vor allem wenn die Renten und Hinterlassenenleistungen bei beiden Pensionskassen identisch sind. Weil Frauen in der Regel länger leben, beziehen sie ihre Rente länger als gleichaltrige Männer. Sind beide Ehepartner etwa gleich alt, sollte eher die Frau die Rente beziehen. Anders verhält es sich, wenn ihre Lebenserwartung aus gesundheitlichen Gründen stark verkürzt ist.

Kapitel 3

Steuern

Steuern sparen bei der Pensionierung

Die Steuerpflicht endet leider nicht mit der Pensionierung. Die meisten erwarten, dass sie deutlich weniger Steuern zahlen müssen, wenn sie im Ruhestand sind. Die Steuerersparnis ist aber meist viel weniger gross als erhofft. Die Renteneinkünfte aus AHV und Pensionskasse sind zwar tiefer als das Erwerbseinkommen. Dafür fallen Abzüge weg, zum Beispiel für Berufsauslagen und für Einzahlungen in die dritte Säule. Mit einer langfristigen Steuerplanung können angehende Pensionierte hingegen oft Tausende von Franken sparen.

Kantonal grosse Steuerunterschiede

Die Steuerunterschiede zwischen den Kantonen sind erheblich. Ein pensioniertes Ehepaar zum Beispiel, das 75'000 Franken Rente pro Jahr erhält, zahlt in Delsberg rund 10'600 Franken Einkommenssteuern, in Zug nur knapp 4'000 Franken (siehe Tabelle nebenan). Bei einem Renteneinkommen von 125'000 Franken beträgt der Unterschied zwischen dem günstigsten und dem teuersten Kantonshauptort über 14'000 Franken. Je nach Kanton sind auch die Steuerunterschiede zwischen den Gemeinden eines Kantons recht gross.

Mit einem Wohnortwechsel könnte man also sehr viel Steuern sparen. Natürlich geben aber normalerweise andere Kriterien den Ausschlag dafür, wo man wohnen möchte, etwa die Nähe zur Familie und zu Freunden. Angehende Pensionierte können ihre Steuerbelastung auch mit anderen Massnahmen deutlich senken, die weniger einschneidend sind.

Wer einen Wohnortwechsel plant, sollte alle finanziellen Auswirkungen berücksichtigen. An steuergünstigen Orten sind in der Regel die Immobilienpreise und damit auch die Mieten deutlich höher. Ausserdem sollte man nicht nur auf die Einkommenssteuern achten, sondern auch auf die Vermögens- und Erbschaftssteuern und auf die Steuern beim Bezug von Vorsorgeguthaben.

Kantonaler Vergleich der Einkommenssteuern für ein pensioniertes Ehepaar

Steuerbeträge 2009 in Fr. (Bundes-, Kantons- und Gemeindesteuern), unter Berücksichtigung der kantonal unterschiedlichen allgemeinen Abzüge vom steuerbaren Einkommen

		Renteneinkommen			
		75'000 Fr.	100'000 Fr.	125'000 Fr.	150'000 Fr.
Aarau	AG	6'556	11'808	17'931	25'298
Appenzell	AI	6'529	11'234	16'545	22'858
Herisau	AR	8'732	14'517	20'931	28'409
Bern	BE	10'108	16'351	23'656	32'396
Liestal	BL	6'618	13'087	20'631	29'552
Basel	BS	9'190	16'105	23'530	31'956
Freiburg	FR	9'457	15'933	23'296	32'117
Genf	GE	5'083	12'270	20'424	29'909
Glarus	GL	8'450	14'398	21'175	29'081
Chur	GR	5'199	10'848	17'290	24'863
Delsberg	JU	**10'610**	17'514	25'479	34'445
Luzern	LU	7'387	12'831	18'898	26'324
Neuenburg	NE	10'058	**17'688**	**26'246**	**36'082**
Stans	NW	6'903	11'668	16'990	23'392
Sarnen	OW	7'758	11'953	16'657	22'363
St. Gallen	SG	8'118	14'033	20'898	28'953
Schaffhausen	SH	6'575	11'938	18'444	26'506
Solothurn	SO	8'695	15'045	22'167	30'424
Schwyz	SZ	5'051	8'975	13'646	19'512
Frauenfeld	TG	7'835	13'751	20'256	28'033
Bellinzona[1]	TI	5'535	11'834	19'717	28'401
Altdorf	UR	7'176	11'798	16'930	23'063
Lausanne	VD	10'554	16'865	24'203	33'062
Sitten	VS	7'559	12'891	19'644	29'403
Zug	ZG	**3'978**	**7'679**	**12'107**	**17'732**
Zürich	ZH	6'744	11'789	17'815	25'294

1 Gemäss Steuerfuss Gemeinde für 2008

Fettdruck = niedrigste und höchste Steuerbelastung
Quelle: Steuerberechnungsprogramm TaxWare

Progression und Grenzsteuersatz

Die Einkommenssteuertarife sind in den meisten Kantonen progressiv ausgestaltet. Das bedeutet, dass hohe Einkommen prozentual stärker besteuert werden als kleine Einkommen.

In Zürich zum Beispiel sind bei einem steuerbaren Einkommen von 50'000 Franken 3'429 Franken Kantons- und Gemeindesteuern fällig; das entspricht 6,9 Prozent des steuerbaren Einkommens. Bei 200'000 Franken Einkommen zahlt man fast 16 Prozent Steuern. Der Steuerwettbewerb zwischen den Kantonen hat sich in den letzten Jahren verschärft. Als erster Kanton führte Obwalden 2008 eine Flat-Rate-Tax ein, bei der die Steuertarife flach und proportional sind. Der Steuersatz ist für alle Einkommen praktisch konstant.

Wichtig für die Steuerplanung ist der Grenzsteuersatz. Er drückt aus, wie stark ein zusätzlicher Franken Einkommen besteuert wird. Beträgt der Grenzsteuersatz 25 Prozent, gehen von jedem zusätzlich verdienten Franken 25 Rappen an den Fiskus. Für jeden Franken, den man in seiner Steuererklärung zusätzlich vom Einkommen abziehen kann, spart man umgekehrt 25 Rappen Steuern. Bei hohen Einkommen beträgt der Grenzsteuersatz je nach Wohnort mehr als 40 Prozent.

Je höher der Grenzsteuersatz ist, desto mehr lohnt es sich, nach Möglichkeiten zu suchen, die das steuerbare Einkommen senken. Ein Beispiel: Ein Ehepaar mit Wohnsitz in Solothurn zahlt 2009 bei einem steuerbaren Einkommen von 75'000 Franken 10'547 Franken Einkommenssteuern. Ihr Grenzsteuersatz liegt bei 25,3 Prozent. 1'000 Franken weniger steuerbares Einkommen bedeuten folglich eine Steuerersparnis von 253 Franken. Wenn es dem Ehepaar gelingt, sein steuerbares Einkommen auf 74'000 Franken zu reduzieren, sinkt seine Steuerrechnung auf 10'294 Franken.

Einkauf in die Pensionskasse

Für angehende Pensionierte sind freiwillige Einzahlungen in die Pensionskasse steuerlich sehr attraktiv. Denn solche Pensionskassen-Einkäufe darf man vom steuerbaren Einkommen abziehen. Der Steuerspareffekt ist dann am grössten, wenn das Einkommen am höchsten ist. Bei vielen Erwerbstätigen ist das in den Jahren vor der Pensionierung der Fall. Ein Einkauf lohnt sich zudem umso mehr, je weniger lang der Einkaufsbetrag in der Pensionskasse bleibt.

Die Rendite hängt auch davon ab, wie man einen Einkaufsbetrag später wieder bezieht. Für den 55-jährigen Mann im Beispiel in der Tabelle unten lohnt sich der Einkauf viel weniger, wenn er sein Guthaben als Rente bezieht statt als Kapital. Je älter jemand wird, desto rentabler ist die Rentenvariante.

Rendite bei einem Pensionskassen-Einkauf

Annahme: 55-jähriger Mann, wohnhaft in Bern, alleinstehend, reformiert, versicherter BVG-Lohn 70'000 Fr., jährliche Sparbeiträge auf BVG-Lohn 18%, Verzinsung des Altersguthabens 2,5% pro Jahr

	Ohne Einkauf	Mit Einkauf
Altersguthaben im Alter von 55 Jahren	400'000 Fr.	400'000 Fr.
Einkaufsbetrag	–	100'000 Fr.
Steuerersparnis durch Einkauf[1]	–	–35'000 Fr.
Effektiv eingesetztes Kapital (nach Steuern)	–	65'000 Fr.
Altersguthaben im Alter von 65 Jahren	653'200 Fr.	781'200 Fr.
Situation bei Kapitalbezug		
Einmalige Auszahlungssteuer	–73'000 Fr.	–90'500 Fr.
Nettoauszahlung nach Steuern	580'200 Fr.	690'700 Fr.
Zusatzvermögen dank Einkauf		**110'500 Fr.**
Rendite p.a. bezogen auf das effektiv eingesetzte Kapital		**5,45%**
Rendite bei Rentenbezug		
Rente pro Jahr[2]	42'460 Fr.	50'780 Fr.
Steuern auf Rente[3]	–10'615 Fr.	–12'695 Fr.
Nettorente pro Jahr	31'845 Fr.	38'085 Fr.
Zusätzliche Rente dank Einkauf		**6'240 Fr.**
Rendite p.a. bezogen auf das effektiv eingesetzte Kapital[4]		**3,3%**

1 Annahme: Grenzsteuersatz 35%.
2 Annahme: Umwandlungssatz für das Guthaben 6,5%.
3 Annahme: Grenzsteuersatz 25%.
4 Annahme: Die Rente wird während 20 Jahren bezogen.

Wichtig: Bei der Renditeberechnung für Verheiratete ist die Ehegattenrente zu berücksichtigen.

Die Pensionskassen schicken ihren Versicherten jedes Jahr einen aktuellen Pensionskassenausweis. Darin sollte vermerkt sein, wie viel der Versicherte freiwillig noch einzahlen darf. Wenn das nicht der Fall ist, kann man sich bei seiner Pensionskasse nach dem persönlichen Einkaufspotenzial erkundigen.

Im Zusammenhang mit einem Einkauf sollte man die folgenden Punkte beachten:
- Wer den Einkaufsbetrag über mehrere Jahre staffelt, spart aufgrund der Progression bei den Einkommenssteuern in der Regel mehr Steuern, als wenn er den ganzen Betrag auf einmal einzahlt.
- Freiwillig einbezahltes Kapital inklusive Zinsgutschriften auf diesem Kapital kann man frühestens drei Jahre danach wieder auszahlen lassen. Eine Auszahlung innerhalb von drei Jahren ist nur erlaubt, wenn eine Scheidung der Grund für den freiwilligen Einkauf war. Für Renten gilt diese Einschränkung nicht.
- Ein Einkauf ist bei manchen Pensionskassen nur bis drei Jahre vor der Pensionierung möglich, bei manchen bis einen Monat davor. Wer sein Pensionskassenguthaben auszahlen lassen möchte, sollte sich auf jeden Fall spätestens drei Jahre vor der Pensionierung einkaufen. In einigen Kantonen kann man sonst nämlich sein gesamtes Guthaben bei der Pensionierung nur als Rente beziehen.
- Ein Vorbezug von Pensionskassengeld für die Finanzierung von Wohneigentum muss vollständig zurückbezahlt sein, bevor freiwillige Einkäufe wieder möglich sind. Ausgenommen sind Einkäufe, die eine Vorsorgelücke auffüllen, die durch eine Scheidung entstanden ist. Freiwillige Einkäufe sind auch dann trotz Vorbezug möglich, wenn eine Rückzahlung des Vorbezugs nicht mehr möglich ist. Bei einigen Pensionskassen kann man Vorbezüge nur bis drei Jahre vor der Pensionierung zurückzahlen.

- Vorsicht bei Pensionskassen in Unterdeckung: Man kann einen Teil des einbezahlten Geldes verlieren, falls der Arbeitgeber restrukturiert, Konkurs geht, einen grossen Teil der Belegschaft entlässt oder die Pensionskasse wechselt.

Säule 3a

Auch Beiträge an die Säule 3a sind abzugsfähig. 2009 dürfen Angestellte, die in einer Pensionskasse versichert sind, bis zu 6'566 Franken abziehen. Für Angestellte und Selbstständige ohne Pensionskasse liegt die Obergrenze bei 20 Prozent des massgebenden Einkommens und maximal 32'832 Franken. Wer über das ordentliche Pensionierungsalter hinaus erwerbstätig bleibt, darf seit 2008 weiterhin in die Säule 3a einzahlen – Männer längstens bis 70, Frauen bis 69.

Tipp

Zahlen Sie den 3a-Beitrag für das Jahr, in dem Sie in Pension gehen, vor dem Datum Ihrer Pensionierung ein. In einzelnen Kantonen können Sie den Betrag sonst nicht vom steuerbaren Einkommen abziehen.

Wenn Sie im Pensionierungsalter erwerbstätig sind und Beiträge in die dritte Säule einzahlen möchten, sollten Sie prüfen, ob sich das lohnt. In manchen Kantonen wie zum Beispiel in Bern und Zürich können Steuerpflichtige unter Umständen in der Steuererklärung weniger abziehen für Versicherungsprämien und Zinsen auf Sparkapitalien, wenn Sie Beiträge an die zweite Säule oder Säule 3a leisten.

Renteneinkommen sind steuerlich unvorteilhaft

Der Entscheid, ob das Pensionskassenguthaben in Renten- oder zumindest teilweise in Kapitalform bezogen wird, hat einen grossen Einfluss auf die Steuerbelastung nach der Pensionierung. Auf Dauer ist der Kapitalbezug häufig steuerlich attraktiver – vorausgesetzt, das Kapital ist steueroptimiert angelegt, sodass nur geringe steuerbare Kapitalerträge anfallen (siehe Beispielrechnung auf Seite 33). Die wenigsten entscheiden sich jedoch allein aus steuerlichen

Gründen für den Kapitalbezug. Häufig steht der Wunsch im Vordergrund, die Angehörigen besser abzusichern.

Auch private Leibrenten sind steuerlich unvorteilhaft. Mit dem Kauf einer Leibrenten-Police lässt sich ein Sparguthaben in eine Rente umwandeln. Die Versicherungsgesellschaft garantiert die Zahlung der vereinbarten Rente, solange die versicherten Personen leben.

Im Gegensatz zu AHV- oder Pensionskassenrenten müssen zwar nur 40 Prozent der Leibrente als Einkommen versteuert werden. Bei 20'000 Franken Rente beträgt der steuerbare Anteil also 8'000 Franken. Mit diesen 40 Prozent wird aber nicht nur der Zinsertrag besteuert, sondern auch ein Teil des Kapitalverzehrs: Die Leibrente wird ja in der Regel mit Vermögen finanziert, das bereits als Einkommen versteuert worden ist. Das steuerbare Einkommen fällt niedriger aus, wenn man sein Erspartes selber anlegt und vom Kapital und den Erträgen daraus lebt.

Leibrenten haben noch andere steuerliche Nachteile. Wenn die Rentenbezüger sterben, wird das verbleibende Kapital an die Erben ausbezahlt. 40 Prozent dieser sogenannten Rückgewährssumme sind als Einkommen zum Vorsorgetarif steuerbar. Die restlichen 60 Prozent unterliegen der Erbschaftssteuer. Mehrere zehntausend Franken Steuern fallen auch schnell einmal an, wenn der Versicherte die Police auflöst. In den meisten Kantonen sind nämlich 40 Prozent des sogenannten Rückkaufswerts als Einkommen zu versteuern, wenn auch zu einem tieferen Steuersatz als normales Einkommen.

Tipp

Es ist meistens ein schlechtes Geschäft, das Pensionskassenkapital zu beziehen und in eine Leibrente zu investieren. So etwas empfehlen vor allem Versicherungsagenten, weil sie für jeden Abschluss einer Leibrente eine hohe Provision erhalten. Im Gegensatz zu Leibrenten sind Pensionskassenrenten zwar zu 100 Prozent als Einkommen steuerbar. Das

Pensionskassenkapital ist bei der Auszahlung aber einmalig zu versteuern, was die Kapitalbasis für die Leibrente schmälert. Zudem ist der Umwandlungssatz bei Leibrenten deutlich tiefer als bei der Pensionskasse. Das führt dazu, dass das Nettoeinkommen bei einer Leibrente trotz Steuervorteil tiefer ausfällt als bei einer Pensionskassenrente aus demselben Guthaben.

Steuern sparen auf Bezügen von Vorsorgeguthaben

Guthaben der zweiten Säule und der Säule 3a werden bei der Auszahlung einmalig als Einkommen besteuert, allerdings separat vom übrigen Einkommen und zu einem niedrigeren Satz. Bei einem Pensionskassenbezug von 500'000 Franken beispielsweise gehen bei Verheirateten in Chur 24'920 Franken an den Fiskus, in Lausanne 58'120 Franken (siehe Tabelle auf der nächsten Seite). Ein Wohnortwechsel vor dem Kapitalbezug kann sich also auszahlen.

Mehrere tausend Franken spart man in der Regel, wenn man Pensionskassen-, Freizügigkeits- und Säule-3a-Guthaben über mehrere Jahre verteilt bezieht. Für die Berechnung der Auszahlungssteuern zählen die Steuerbehörden nämlich alle Bezüge eines Jahres zusammen, häufig auch die des Ehepartners. Je höher die Bezüge sind, die in ein einziges Jahr fallen, desto höher ist auch die prozentuale Steuerbelastung. Nach Möglichkeit verteilt man die Bezüge also besser auf mehrere Steuerperioden.

Dafür gibt es genügend Spielraum: Das Säule-3a-Kapital kann man bis zu fünf Jahre vor dem regulären AHV-Alter auszahlen lassen. Das Gleiche gilt für Guthaben auf Freizügigkeitskonten oder -policen. Andererseits lässt sich der Bezug von Freizügigkeitsguthaben aufschieben, falls das Reglement der Freizügigkeitsstiftung diese Möglichkeit vorsieht (bei Männern bis 70, bei Frauen bis 69). Wer über das ordentliche Pensionierungsalter hinaus erwerbstätig bleibt, darf auch den Bezug seiner 3a-Guthaben aufschieben.

Steuern auf Kapitalbezüge aus der 2. Säule oder Säule 3a

Steuerbeträge 2009 in Fr. (Bundes-, Kantons- und Gemeindesteuern), Kapitalbezug Mann mit Alter 65

		Bezug 250'000 Fr.		Bezug 500'000 Fr.		Bezug 1 Mio. Fr.	
		verh.	unverh.	verh.	unverh.	verh.	unverh.
Aarau	AG	20'381	23'246	48'418	52'400	105'852	110'102
Appenzell	AI	15'442	16'173	34'273	34'573	70'200	70'200
Herisau	AR	17'860	22'623	39'873	49'906	88'700	110'598
Bern	BE	18'830	20'053	45'857	50'524	110'579	116'911
Liestal	BL	12'523	**12'723**	34'394	34'694	**147'173**	147'173
Basel	BS	20'923	21'123	47'423	47'723	99'750	99'750
Freiburg	FR	**24'740**	24'940	57'835	58'135	123'352	123'352
Genf	GE	17'421	17'621	39'931	40'231	85'535	85'535
Glarus	GL	19'048	19'248	40'423	51'433	107'490	146'760
Chur	GR	11'298	13'873	**24'923**	48'546	72'400	99'000
Delsberg	JU	18'235	22'210	40'335	49'210	83'862	102'037
Luzern	LU	18'108	19'455	42'212	43'659	86'917	89'083
Neuenburg	NE	21'573	21'773	45'473	45'773	92'600	92'600
Stans	NW	17'842	19'362	40'742	41'153	83'360	83'360
Sarnen	OW	16'791	16'991	35'909	36'209	73'472	73'472
St. Gallen	SG	15'763	17'183	39'953	42'693	105'960	110'840
Schaffhausen	SH	13'441	14'768	31'463	31'763	64'580	64'580
Solothurn	SO	16'975	18'737	39'575	40'373	81'800	81'800
Schwyz	SZ	**10'826**	15'976	34'801	44'973	91'000	91'000
Frauenfeld	TG	18'123	21'113	38'573	44'453	78'800	89'960
Bellinzona[1]	TI	14'023	14'223	30'373	38'727	84'834	148'158
Altdorf	UR	13'625	13'825	29'578	**29'878**	**60'810**	**60'810**
Lausanne	VD	23'707	**27'436**	**58'116**	**64'255**	131'026	136'865
Sitten	VS	15'995	16'195	46'211	46'511	103'000	103'000
Zug	ZG	13'497	13'653	31'724	31'853	67'251	67'080
Zürich	ZH	15'123	18'717	44'487	59'109	135'347	**166'138**

1 Gemäss Steuerfuss Gemeinde für 2008

Fettdruck = niedrigste und höchste Steuerbelastung

Quelle: Steuerberechnungsprogramm TaxWare

Spätestens mit 70 beziehungsweise mit 69 muss man sein Guthaben aber auf jeden Fall beziehen. Das Pensionskassenguthaben wird hingegen bei der Pensionierung fällig.

Vorzeitige Bezüge sind nur in wenigen Fällen möglich: insbesondere für den Kauf eines Eigenheims oder für die Amortisation der Hypothek auf dem Eigenheim; wenn man auswandert; oder wenn man sich selbstständig macht.

Das folgende Beispiel zeigt, wie gross das Sparpotenzial von gestaffelten Kapitalbezügen ist: Ein Ehepaar in Zürich verfügt über Pensionskassen- und Säule-3a-Guthaben von insgesamt 800'000 Franken. Gehen beide Ehepartner im gleichen Jahr in Pension – zum Beispiel mit 64 Jahren – und beziehen sie ihre beiden 3a-Guthaben erst dann, zahlen sie insgesamt 96'770 Franken Steuern. Verteilen sie ihre Vorsorgebezüge über mehrere Jahre, fallen 51'800 Franken Steuern an. Die Steuerersparnis beträgt in diesem Beispiel fast 45'000 Franken.

Steuerersparnis dank Staffelung der Vorsorgebezüge

Beispiel: Ehepaar, Wohnort Zürich, Steuerbeträge ohne Kirchensteuern

Bezug	Jahr	Alter	Kapital	Kapitalbetrag	Steuerbetrag	
einmalig	2011	64		800'000 Fr.	96'770 Fr.	
gestaffelt	2009	62	Säule 3a Frau	50'000 Fr.	2'250 Fr.	
	2010	63	PK-Kapital Frau	250'000 Fr.	15'120 Fr.	
	2011	64	PK-Kapital Mann	400'000 Fr.	29'550 Fr.	
	2012	65	Säule 3a Mann	100'000 Fr.	4'880 Fr.	51'800 Fr.
Steuereinsparung durch Staffelung						**44'970 Fr.**

Tipp: Sie gehen vor dem frühesten Zeitpunkt in Pension, den Ihre Pensionskasse für eine Frühpensionierung vorsieht? Oder Sie werden vorher entlassen? In diesem Fall können Sie von Ihrer Pensionskasse verlangen, dass sie Ihr Freizügigkeitsgeld auf zwei getrennte Freizügigkeitskonten oder -policen überweist. Die beiden Guthaben können Sie dann gestaffelt in verschiedenen Jahren beziehen.

Erträge auf Geldanlagen steuerlich optimieren

Geldanlagen sollte man in erster Linie danach auswählen, wie viel Risiko man eingehen kann und möchte, und wie lange man das angelegte Geld entbehren kann. Je kürzer der Anlagehorizont und je niedriger die Risikobereitschaft oder die Risikofähigkeit sind, desto sicherer sollte das Geld angelegt sein.

Es kann sich aber lohnen, auch die steuerlichen Konsequenzen zu prüfen und wenn möglich steuergünstigen Anlageformen den Vorzug zu geben. Die Steuern können die Nettorendite einer Geldanlage nämlich erheblich schmälern.

Zinserträge, zum Beispiel auf Bankkonten oder Obligationen, sind steuerpflichtig wie jedes andere Einkommen. Dasselbe gilt für Dividendenerträge, die bei Aktien anfallen. Kapitalgewinne dagegen, also die Differenz zwischen Kauf- und Verkaufspreis von Wertpapieren, sind in der Regel steuerfrei. Steuerlich interessanter ist es deshalb, sein Geld so zu investieren, dass mehr steuerfreie Kursgewinne und weniger Zinserträge anfallen.

Vermögenssteuern nach der Pensionierung

Mit der Pensionierung gewinnt die Vermögenssteuer oft an Bedeutung. Vorsorgeguthaben, die bei der Pensionierung zur Auszahlung gelangen, erhöhen das steuerbare Vermögen. Wie bei der Einkommenssteuer bitten die Kantone auch bei der Vermögenssteuer unterschiedlich stark zur Kasse. Und auch hier sind die Steuertarife progressiv ausgestaltet. Bei einem Vermögen von 1 Mio. Franken schwankt der Steuerbetrag zwischen rund 1'200 und 7'000 Franken (siehe Tabelle auf der gegenüberliegenden Seite). Selbst sehr vermögende Personen zahlen jedoch selten mehr als 1 Prozent Vermögenssteuern, wo immer sie wohnen.

Vermögenssteuern im Vergleich

Steuerbeträge 2009 in Fr. (Kantons- und Gemeindesteuern) unter Berücksichtigung der kantonal unterschiedlichen Freibeträge; steuerpflichtige Person hat keine minderjährigen Kinder

Vermögen:		500'000 Fr. verh.	unverh.	1 Mio. Fr. verh.	unverh.	3 Mio. Fr. verh.	unverh.
Aarau	AG	962	1'238	2'887	3'228	12'111	12'484
Appenzell	AI	1'062	1'195	2'390	2'522	7'700	7'832
Herisau	AR	1'570	1'745	3'760	3'935	12'520	12'695
Bern[1]	BE	1'689	1'689	4'323	4'323	16'613	16'613
Liestal	BL	1'637	2'271	6'104	6'797	21'894	22'470
Basel[1]	BS	1'800	2'465	5'150	6'275	22'460	23'825
Freiburg	FR	2'524	2'524	6'130	6'130	18'391	18'391
Genf	GE	1'832	2'168	5'274	5'704	**23'999**	**24'539**
Glarus	GL	1'250	1'517	3'034	3'302	10'174	10'442
Chur	GR	1'366	1'426	3'689	3'760	12'586	12'645
Delsberg	JU	1'501	1'624	3'891	4'033	15'103	15'258
Luzern	LU	975	1'097	2'194	2'316	7'069	7'191
Neuenburg	NE	2'618	**3'456**	**6'912**	**6'912**	20'736	20'736
Stans	NW	541	584	**1'169**	**1'213**	**3'684**	**3'728**
Sarnen	OW	631	666	1'332	1'367	4'136	4'171
St. Gallen	SG	1'452	1'763	3'526	3'837	11'822	12'133
Schaffhausen	SH	1'260	1'470	4'200	4'515	14'007	14'248
Solothurn	SO	1'344	1'478	3'024	3'158	9'744	9'878
Schwyz	SZ	595	722	1'445	1'572	4'845	4'972
Frauenfeld	TG	921	1'228	2'455	2'762	12'499	12'946
Bellinzona[2]	TI	1'497	1'793	4'196	4'551	16'844	17'257
Altdorf	UR	832	963	1'926	2'058	6'304	6'436
Lausanne	VD	**2'653**	2'653	5'463	5'228	14'851	13'863
Sitten	VS	2'033	2'171	4'935	5'092	18'522	18'711
Zug	ZG	**326**	**544**	1'668	1'958	7'468	7'758
Zürich	ZH	551	706	1'963	2'195	11'392	11'856

1 Annahme: Vermögenserträge in Höhe von 2% des Vermögens
2 Gemäss Steuerfuss Gemeinde für 2008

Fettdruck = niedrigste und höchste Steuerbelastung
Quelle: Steuerberechnungsprogramm TaxWare

Kapitel 4

Hypothek

Die Hypothek bei der Pensionierung amortisieren oder nicht?

Viele Eigenheimbesitzer möchten ihren Ruhestand möglichst schuldenfrei geniessen. Sie erwägen deshalb, ihre Hypothek bei der Pensionierung ganz oder teilweise zurückzuzahlen – zum Beispiel mit Vorsorgeguthaben, die bei der Aufgabe der Erwerbstätigkeit zur Auszahlung kommen. Bevor man seine Hypothekarschulden abbaut, sollte man alle Vor- und Nachteile sorgfältig abwägen.

Steuerliche und anlagetechnische Überlegungen

Wer seine Hypothek reduziert, zahlt weniger Hypothekarzinsen. Im Gegenzug steigt jedoch die Steuerbelastung, weil der Abzug für Schuldzinsen kleiner wird. Aus steuerlicher Sicht sollte die Hypothek deshalb höchstens so weit abbezahlt werden, dass die Schuldzinsen mindestens gleich hoch sind wie der Eigenmietwert abzüglich der Unterhaltskosten für die Liegenschaft. Sonst zahlen Eigenheimbesitzer mehr Einkommenssteuern, als wenn sie kein Haus hätten.

Vergleichsrechnung: Hypothek amortisieren oder stehen lassen?

Ausgangslage: Bestehende Hypothek 300'000 Fr., möglicher Amortisationsbetrag 200'000 Fr.

	Hypothek amortisieren	Hypothek stehen lassen
Höhe der Hypothek	100'000 Fr.	300'000 Fr.
Kostenrechnung:		
Hypothekarzinsen (4%)	4'000 Fr.	12'000 Fr.
Steuerersparnis[1]	–1'000 Fr.	–3'000 Fr.
Ertrag aus Geldanlage	–	–8'000 Fr.[2]
Nettokosten pro Jahr	**3'000 Fr.**	**1'000 Fr.**

1 Angenommener Grenzsteuersatz: 25%
2 Annahme: 4% Nettoertrag pro Jahr (nach Steuern) auf 200'000 Fr.

Hypothek

Wer Geld in sein Haus steckt, verzichtet zudem auf Erträge, die dieses Geld abwerfen würde, wenn es angelegt wäre. Diese Rechnung geht allerdings nur dann auf, wenn vom Anlageertrag netto nach Steuern und Gebühren mehr übrig bleibt, als die Hypothek netto nach Steuern kostet.

Eine Hypothek zu 4 Prozent zum Beispiel kostet nach Abzug der Steuerersparnis bei einem Grenzsteuersatz von 25 Prozent netto 3 Prozent. Eine Geldanlage muss folglich nach Berücksichtigung aller Steuern und Gebühren mehr als 3 Prozent Rendite abwerfen. Nur dann bringt sie netto mehr ein als die Amortisation der Hypothek. Nicht zu vergessen: Je besser eine Geldanlage rentiert, desto höher ist auch das Risiko.

Amortisation schränkt die Flexibilität ein

Viele Pensionierte verzichten vor allem deshalb auf die Amortisation ihrer Hypothek, weil sie ihren finanziellen Handlungsspielraum nicht einschränken wollen. Sie möchten es sich ohne weiteres leisten können, ein neues Auto zu kaufen, eine grössere Reise zu unternehmen, ihr Eigenheim zu renovieren oder den Kindern einen Erbvorbezug zu ermöglichen. Bei vielen Banken ist es jedoch schwierig, nach der Pensionierung eine Hypothek wieder aufzustocken.

Die Banken prüfen nämlich, ob die zusätzliche Hypothek finanziell tragbar ist, auch wenn die Hypothek im Verhältnis zum Wert der Liegenschaft klein ist. Die Hypothekarzinsen dürfen auch bei einem Zinsniveau von 4,5 bis 5 Prozent zusammen mit den Kosten für den Unterhalt der Liegenschaft weiterhin nicht mehr als ein Drittel der regelmässigen Einkünfte ausmachen. Besonders Pensionierte erfüllen diese Voraussetzung aufgrund des niedrigeren Einkommens nach der Erwerbsaufgabe häufig nicht.

Tipp

Falls Sie Ihre Hypothek zurückzahlen, sollten Sie eine ausreichende Reserve zurückbehalten. Wenn Sie später Geld brauchen, müssen Sie Ihre Hypothek nicht wieder auf-

stocken, was Ihnen Ihre Bank möglicherweise verweigern könnte. Entscheiden Sie besser schon einige Jahre vor der Pensionierung, ob und um welchen Betrag Sie die Hypothek amortisieren möchten, und passen Sie Ihre Hypothekarstrategie an. Wenn Sie für die Amortisation eine Festhypothek vorzeitig auflösen müssen, betragen die Strafgebühren der Bank rasch einmal mehrere zehntausend Franken.

Zinsen sparen mit der richtigen Hypothekarstrategie

Eigenheimbesitzer können ihre Wohnkosten im Hinblick auf die Pensionierung nicht nur senken, indem sie die Hypothek verkleinern. Einen grossen Einfluss auf die Zinskosten hat die Wahl der Hypothekarstrategie. Aus der Strategie ergibt sich der richtige Mix aus verschiedenen Hypothekarmodellen und Laufzeiten. Die Hypothekarstrategie hängt von diesen drei Fragen ab:
- Wie viel Hypothekarzinsen kann und will ich langfristig höchstens tragen?
- Wie lange möchte ich mich mit der Hypothek höchstens binden?
- Welche Zinsentwicklung erwarte ich?

Wer beispielsweise von 1995 bis 2005 konsequent auf 5-Jahres-Festhypotheken setzte, zahlte mit einer Hypothek von 500'000 Franken in diesen zehn Jahren insgesamt 291'500 Franken Zinsen. Die Zinskosten für eine Geldmarkt-Hypothek ohne Zinsabsicherung beliefen sich im gleichen Zeitraum auf 139'100 Franken, und für eine variable Hypothek bezahlte man gesamthaft 204'500 Franken (siehe Tabelle nebenan). Die Wahl von zwei aufeinander folgenden 5-Jahres-Festhypotheken erwies sich also in diesem Zeitraum als wenig vorteilhaft, denn mit einer Geldmarkt-Hypothek wäre man über 150'000 Franken günstiger gefahren.

Diese Zahlen verdeutlichen: Mit der richtigen Hypothekarstrategie lassen sich über einen längeren Zeitraum mehrere zehntausend Franken sparen. Die Wahl des günstigsten Kreditinstituts hingegen bringt höchstens einen Bruchteil dieser Ersparnis.

So viel Zins zahlte man in 10 Jahren für eine Hypothek über 500'000 Franken

Zeitraum[1]	5-jährige Festhypothek	Variable Hypothek	Geldmarkt-Hypothek	Differenz teuerstes/günstigstes Modell
1991–2001	345'500 Fr.	264'375 Fr.	240'465 Fr.	105'035 Fr.
1992–2002	328'500 Fr.	245'625 Fr.	212'835 Fr.	115'665 Fr.
1993–2003	259'000 Fr.	229'675 Fr.	179'278 Fr.	79'722 Fr.
1994–2004	254'312 Fr.	216'273 Fr.	157'253 Fr.	97'059 Fr.
1995–2005	291'500 Fr.	204'536 Fr.	139'103 Fr.	152'397 Fr.
1996–2006	253'500 Fr.	192'354 Fr.	130'521 Fr.	122'979 Fr.
1997–2007	213'000 Fr.	183'966 Fr.	127'664 Fr.	85'336 Fr.
1998–2008	177'825 Fr.	179'394 Fr.	132'753 Fr.	46'641 Fr.
1999–2009	176'737 Fr.	175'689 Fr.	136'790 Fr.	39'947 Fr.
Ø Zinskosten 10 Jahre	255'542 Fr.	210'210 Fr.	161'851 Fr.	93'865 Fr.
Durchschnittlicher Zins	5,11%	4,20%	3,24%	

1 Stichtag jeweils Ende März.

Umzug in eine Wohnung

Viele Hausbesitzer tauschen ihr Einfamilienhaus im Hinblick auf die Pensionierung gegen eine Eigentumswohnung. Das Haus wird ihnen irgendwann zu gross. Oder sie empfinden es plötzlich als Last, wenn die Beweglichkeit nachlässt und sich gesundheitliche Probleme mehren. Ein rechtzeitiger Wechsel in eine altersgerechte Eigentumswohnung kann die Lebensqualität für viele Jahre verbessern.

Der gleichzeitige Kauf und Verkauf einer Liegenschaft ist nicht nur eine organisatorische Herausforderung, sondern auch eine finanzielle. Ist das neue Objekt noch nicht fertig gestellt, werden Teilzahlungen bereits während der Bauphase fällig. Dies führt zur finanziellen Doppelbelastung, denn die Wohnkosten für das bisherige Heim laufen weiter. Deshalb sollte eine ausreichende Bargeld-Reserve eingeplant werden. Die bestehenden Hypotheken auf dem Haus können normalerweise auf die neue Wohnung übertragen werden, falls die Belehnungsrichtlinien der Bank dadurch nicht verletzt werden.

Vielen fällt es schwer, sich vom Haus zu trennen, das sie über Jahrzehnte hinweg bewohnt haben. Sie fassen deshalb nicht nur einen Verkauf ins Auge, sondern auch eine Vermietung. Ein Verkauf ist meistens die bessere Lösung, weil die Vermietung von Einfamilienhäusern in der Regel nicht rentabel ist und Unterhaltsverpflichtungen anfallen.

Strengere Auflagen für ältere Hauskäufer	Immer mehr langjährige Mieter kaufen sich erst aufs Alter hin ein Eigenheim. Viele Banken erschweren älteren Kunden aber den Kauf von Wohneigentum. Sie finanzieren höchstens zwei Drittel des Kaufpreises statt der üblichen 80 Prozent, selbst wenn ihre künftige Rente hoch genug wäre, um die laufenden Kosten des Eigenheims auch bei einer höheren Hypothek zu tragen.

Andere verlangen, dass die Käufer die zweite Hypothek in der kurzen Zeit bis zur Pensionierung vollständig abbezahlen. Oder sie fordern schon für eine Belehnung über 65 Prozent Zusatzsicherheiten, etwa die Verpfändung eines Wertschriftendepots. Das ist besonders ärgerlich, weil das Vermögen in der Regel zur Sicherung des Einkommens oder für unvorhergesehene Ausgaben im Alter dient. Wenn das Depot verpfändet ist, steht dieses Geld nicht zur Verfügung.

Tipp	**Die strengen Auflagen der Banken bedeuten nicht zwangsläufig, dass eine Fremdfinanzierung nicht mehr möglich ist. Sie müssen Ihrem Kreditgeber aber aufzeigen können, dass**

Sie mit Ihrem Vermögen sowohl alle Kosten für Ihr Eigenheim als auch die übrigen Lebenshaltungskosten langfristig tragen können. Es lohnt sich, einen Experten für die langfristige Finanzplanung beizuziehen, vor allem wenn Sie Ihr Pensionskassenguthaben in Kapitalform beziehen. Eine umfassende und seriöse Einkommens- und Vermögensplanung bietet dem Kreditgeber finanzielle Sicherheit.

Kapitel 5

Nachlass

Die letzten Dinge regeln

Die Erbschaftsplanung gehört zu den Dingen, die man gerne auf die lange Bank schiebt. Spätestens bei der Pensionierung ist es jedoch höchste Zeit, sein Erbe zu regeln und seine Nächsten abzusichern – allen voran die Partnerin oder den Partner. Ohne frühzeitige Planung gerät der überlebende Ehepartner häufig in finanzielle Bedrängnis.

Eine umsichtige Erbschaftsplanung sorgt dafür, dass das Vermögen so weitergegeben wird, wie man es sich wünscht. Sie hilft zudem, Streit unter den Erben zu verhindern und hohe Erbschaftssteuern zu vermeiden. Eine Erbschaftsplanung ist besonders wichtig, wenn man sein Pensionskassenkapital ganz oder teilweise auszahlen lässt.

Gesetzliche Erbfolge

Viele hinterlassen bei ihrem Tod keine Anweisungen darüber, wer ihr Vermögen erhalten soll. In so einem Fall gilt die gesetzliche Erbfolge. Sie richtet sich nach dem Verwandtschaftsgrad und nicht etwa danach, wie nahe jemand der verstorbenen Person stand.

Der überlebende Ehepartner und die Kinder sind die Haupterben. Andere Verwandte kommen erst in zweiter Linie zum Zug. Das Gesetz definiert nicht nur die Erben, sondern auch den Anteil am Erbe, der diesen Personen zusteht. Diese Erbquote hängt von der Familienkonstellation ab.

Hinterlässt ein Verstorbener zum Beispiel eine Ehefrau und zwei Kinder, steht die eine Hälfte seines Nachlassvermögens der Frau zu, die andere Hälfte zu gleichen Teilen den beiden Kindern (siehe Grafik nebenan). Stirbt eine alleinstehende Person ohne Kinder, geht das Erbe je zur Hälfte an die Mutter und den Vater, wenn beide Eltern noch leben. Sind die Eltern schon gestorben, treten an ihre Stelle die eigenen Brüder und Schwestern, dann die Nichten und Neffen.

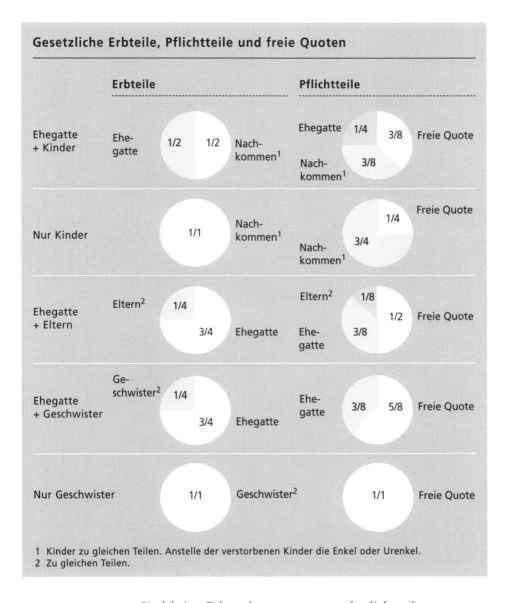

Sind keine Erben des sogenannten elterlichen Stammes vorhanden, fällt der Nachlass an den Stamm der Grosseltern. Dazu gehören neben den Grosseltern auch Onkel und Tante, die Cousinen oder Cousins usw. Sind auch keine solchen Erben vorhanden, geht das Erbe an den Staat, meistens an die Wohngemeinde des Erblassers und an den Kanton.

Erbfolge abändern	Wer mit der gesetzlichen Aufteilung seines Erbes nicht einverstanden ist, kann die Erbfolge mit einem Testament oder einem Erbvertrag abändern. Das eigenhändige Testament ist die einfachste und deshalb die häufigste Form. Es muss vollständig von Hand geschrieben, datiert und unterschrieben sein. Ein Testament kann der Verfasser jederzeit aufheben oder ändern. Ein Erbvertrag hingegen ist ein Vertrag zwischen dem Erblasser und seinen Erben. Er ist nur gültig, wenn er von allen Parteien unterschrieben und von einem Notar beurkundet ist. Will eine Partei den Vertrag später ändern oder aufheben, braucht es dafür das Einverständnis aller Parteien. Ein Erbvertrag bindet folglich alle Beteiligten stark.
Tipp	**Eigenhändige Testamente geben oft Anlass zu Streitigkeiten. Am besten lassen Sie Ihr Testament deshalb von einer Fachperson auf Form und Inhalt überprüfen. Häufig geht aus dem Testament nicht eindeutig hervor, was der Verstorbene eigentlich wollte, oder einzelne Verfügungen widersprechen einander. Je komplizierter die Familien- und Vermögensverhältnisse sind, desto sinnvoller ist es, für die Nachlassplanung einen unabhängigen Spezialisten beizuziehen, der sich in allen Erbschaftsfragen auskennt.**
Pflichtteile und freie Quote	Sein Vermögen kann man auch mit einem Testament nicht völlig nach Belieben verteilen. Das Gesetz schreibt nämlich vor, dass bestimmte Personen einen Mindestanteil am Erbe erhalten, den sogenannten Pflichtteil. Zu den pflichtteilsgeschützten Erben gehören der Ehepartner und die Nachkommen. Wenn keine Nachkommen da sind, haben auch die Eltern Anspruch auf einen Pflichtteil. Der Ehepartner und die Eltern bekommen mindestens 1/2 dessen, was ihnen gemäss gesetzlicher Erbfolge zusteht. Der Pflichtteil der Nachkommen beträgt 3/4 ihres gesetzlichen Erbanspruchs.

Beispiel: Hinterlässt der Verstorbene eine Ehefrau und ein Kind, beträgt der Pflichtteil der Frau 1/4 des Nachlassvermögens (1/2 von 1/2 Erbanspruch), derjenige des Kindes 3/8 (3/4 von 1/2 Erbanspruch). Die Eltern haben bei dieser Familienkonstellation keinen Erbanspruch und damit auch kein Recht auf einen Pflichtteil.

Wenn die Kinder des Verstorbenen nicht mehr am Leben sind, gehen ihre Pflichtteile auf ihre Nachkommen über. Das bedeutet: Hinterlässt ein Verstorbener Enkel, haben sie Anrecht auf den Pflichtteil, der für ihren verstorbenen Elternteil vorgesehen ist. Die Pflichtteile des Ehepartners und seiner Eltern hingegen werden nicht weitervererbt.

Pflichtteile lassen sich mit wenigen Ausnahmen nicht umgehen. Zu den Ausnahmen gehört zum Beispiel, wenn der pflichtteilsberechtigte Erbe eine schwere Straftat gegen den Verstorbenen oder eine ihm nahe stehende Person begangen hat. Letztwillige Verfügungen, die Pflichtteile verletzen, können die Benachteiligten vor Gericht anfechten.

Das Nachlassvermögen abzüglich aller Pflichtteile ergibt die freie Quote, über die man nach Belieben verfügen kann. Nur wer keine pflichtteilsgeschützten Erben hinterlässt, kann sein gesamtes Vermögen völlig frei verteilen, zum Beispiel auch gemeinnützigen Organisationen vermachen.

Tipp	**Berechnen Sie mit dem Erbschaftsrechner unter www.vermoegenszentrum.ch, wie Ihr Vermögen nach der gesetzlichen Erbfolge aufgeteilt würde. Geben Sie dazu einfach die Höhe Ihres Nachlassvermögens und die potenziellen Erben ein. Sie erfahren gleichzeitig, wie hoch die Pflichtteile und die freie Quote sind.**
Was gehört zum Nachlassvermögen?	Bevor man sich damit beschäftigt, wie das Vermögen unter den Erben aufgeteilt wird, muss man wissen, was überhaupt in das sogenannte Nachlassvermögen fällt, das sich die Erben

untereinander aufteilen. Spezielle Regeln gelten für Vorsorgeguthaben. Guthaben aus der zweiten Säule gehören nicht zum Nachlassvermögen. Welche Erben Anspruch auf diese Guthaben besitzen, ist in den Gesetzen über die berufliche Vorsorge geregelt.

Guthaben in der Säule 3a und Lebensversicherungen zahlt die Vorsorgestiftung der Bank beziehungsweise die Versicherungsgesellschaft direkt den gemäss Stiftungsreglement oder Versicherungsbedingungen begünstigten Personen aus. Diese Guthaben werden jedoch zum Nachlassvermögen hinzugerechnet, bei Lebensversicherungen mit Sparanteil der sogenannte Rückkaufswert. Das kann zum Beispiel von Bedeutung sein, wenn der Verstorbene in der Police seine Frau begünstigt hat und sonst kein Vermögen hinterlässt. Die Versicherungsgesellschaft zahlt die Todesfallsumme in diesem Fall an die Ehefrau aus. Die Kinder haben jedoch Anspruch auf ihren Pflichtteil am Rückkaufswert der Police.

Berechnung des Nachlassvermögens bei Ehepaaren	Bei Ehepaaren wird zunächst unterschieden, welche Vermögenswerte dem Ehemann und welche der Ehefrau gehören – wie bei einer Scheidung. Diesen Vorgang nennt man güterrechtliche Auseinandersetzung. Von dieser Aufteilung hängt ab, welchen Teil des ehelichen Vermögens der überlebende Ehepartner mit den übrigen Erben teilen muss. Entscheidend für die güterrechtliche Aufteilung ist der Güterstand, den die Eheleute gewählt haben.

Die meisten Ehepaare leben in einer Errungenschaftsbeteiligung. Bei diesem Güterstand setzt sich das Nachlassvermögen eines Ehepartners zusammen aus seinem Eigengut und der Hälfte des während der Ehe gemeinsam erwirtschafteten Vermögens, der sogenannten Errungenschaft. Das Eigengut umfasst im Wesentlichen alles, was beide Partner in die Ehe eingebracht bzw. während der Ehe geerbt oder geschenkt bekommen haben.

Berechnung des Nachlassvermögens bei Errungenschaftsbeteiligung

	Gesamt-vermögen des Ehepaares	Eigengut Mann	Eigengut Frau	Errungen-schaft[2]
Kontiguthaben	120'000	50'000	50'000	20'000
Wertschriften	420'000	–	200'000	220'000
Liegenschaft	400'000	–	–	400'000
Andere Vermögenswerte[1]	60'000	–	–	60'000
Total Vermögen	**1'000'000**	50'000	250'000	700'000
		1/2	1/2	
Anteile aus Errungenschaft[3]		350'000	350'000	
Nachlassvermögen		**400'000**	**600'000**	

1 Zum Beispiel Hausrat.
2 Das während der Ehe angesparte Vermögen.
3 Die gesamte Errungenschaft wird je zur Hälfte den Ehegatten zugeteilt.

Die Hälfte des Errungenschaftsvermögens gehört dem überlebenden Ehepartner. Die andere Hälfte und das Eigengut des Verstorbenen fallen in den Nachlass. Davon steht dem überlebenden Ehegatten und den Nachkommen des Verstorbenen gemäss gesetzlicher Erbfolge je die Hälfte zu. Hinterlässt der Verstorbene keine Nachkommen, erhält der Ehepartner mindestens drei Viertel des Nachlassvermögens.

Nachlassfähigkeit des Vermögens prüfen

Je nachdem, wie sich das Vermögen des Ehepaares zusammensetzt, muss sich der überlebende Ehepartner stark einschränken. Dies verdeutlicht das nachfolgende Beispiel, in dem der verstorbene Ehemann ein Nachlassvermögen von 1 Mio. Franken hinterlässt. Seiner Witwe stehen 500'000 Franken zu, den beiden Kindern je 250'000 Franken.

Der Tod des Ehemannes stellt die Witwe gleich in zweifacher Hinsicht vor grosse finanzielle Probleme. Einerseits hat sie deutlich weniger Einkommen zur Verfügung: Die AHV-

Rente sinkt, und von der Pensionskasse ihres Ehemannes erhält sie nur 60 Prozent der Rente des verstorbenen Partners. Die Lebenshaltungskosten der Witwe nehmen weniger stark ab als die Renten, denn viele Ausgabenposten bleiben unverändert. Andererseits muss die Witwe ihre Miterben auszahlen. Der Anspruch der Kinder beträgt in unserem Beispiel 500'000 Franken.

Der grösste Teil des Nachlassvermögens ihres Mannes steckt im Eigenheim und in der Ferienwohnung (siehe folgende Aufstellung). Die Witwe kann nur 100'000 Franken, die in Wertschriften angelegt sind, sofort zu Geld machen. Ein Verkauf der Ferienwohnung brächte nach Abzug der Hypothekarschulden weitere 200'000 Franken – vorausgesetzt, es findet sich innert kurzer Zeit ein Käufer, der sie zum

Nachlassfähigkeit des Vermögens (Beispiel)

Ausgangslage: Ehepaar mit zwei Kindern

Nachlassvermögen:

Vermögen im Eigenheim[1]	700'000 Fr.
Vermögen in der Ferienwohnung[1]	200'000 Fr.
Wertschriften	100'000 Fr.
Total Nachlassvermögen	**1'000'000 Fr.**

Gesetzliche Aufteilung des Nachlassvermögens:

50% zugunsten des Ehepartners	500'000 Fr.
25% zugunsten des Sohnes	250'000 Fr.
25% zugunsten der Tochter	250'000 Fr.

Einkommen des überlebenden Ehepartners:

	Ehepaar	Witwe/r
AHV-Rente pro Jahr	41'040 Fr.	27'360 Fr.
Pensionskassenrente pro Jahr	50'000 Fr.	30'000 Fr.
Total Einkommen pro Jahr	91'040 Fr.	57'360 Fr.
Total Ausgaben pro Jahr	–91'040 Fr.	–72'800 Fr.
Einkommenslücke pro Jahr	**0 Fr.**	**15'440 Fr.**

1 Verkehrswert abzüglich Hypothek.

Marktwert zuzüglich allfälliger Grundstückgewinnsteuern übernimmt. Selbst dann fehlen aber immer noch 200'000 Franken, um die Kinder auszuzahlen.

Die Aufstockung der Hypothek auf dem Eigenheim wäre eine Möglichkeit, um an diesen Betrag zu kommen. Dieses Vorhaben scheitert jedoch unter Umständen an der ungenügenden Tragbarkeit: Die Aufstockung der Hypothek würde die Zinslast erhöhen, was angesichts des tieferen Einkommens aus Sicht der Bank ein Problem darstellen könnte. Unserer Witwe bleibt also möglicherweise nichts anderes übrig, als ihr Eigenheim zu verkaufen, damit sie die Anteile ihrer Kinder auszahlen kann.

Begünstigung des Ehepartners

Ehepaare sollten sich rechtzeitig überlegen, wie sie so eine Situation ausschliessen können. Sie können zum Beispiel ihr Vermögen frühzeitig so umschichten, dass die Aufteilung nach dem Tod eines Partners keine Probleme bereitet. Immobilien lassen sich nicht von heute auf morgen verkaufen, Wertschriften mit wenigen Ausnahmen schon.

Ehepaare können sich auch gegenseitig so weit wie möglich begünstigen, damit der überlebende Partner finanziell abgesichert ist. Ehepaare mit Errungenschaftsbeteiligung können sich zum Beispiel mit einem Ehevertrag gegenseitig das gesamte Vermögen zusprechen, das sie im Laufe der Ehe erwirtschaftet haben. In den Nachlass fällt dann nur das Eigengut des Verstorbenen. Besteht ein grosser Teil des Vermögens aus dem Eigengut eines Partners, ist der weniger begüterte Partner mit dem Wechsel zu einer Gütergemeinschaft besser gestellt.

Im Rahmen eines Testaments kann man zudem die Erben auf ihre Pflichtteile setzen und die freie Quote dem Ehepartner zuweisen. Alternativ kann man dem überlebenden Ehepartner die lebenslange Nutzniessung des gesamten Nachlasses zusprechen. Die anderen Erben können schliesslich auch freiwillig auf ihr Erbe verzichten, bis auch der überlebende Ehepartner gestorben ist oder wieder heiratet. Je nach familiärer Konstellation und Zusammensetzung des ehelichen Vermögens ist eine dieser Möglichkeiten oder eine Kombination daraus am sinnvollsten.

Tipp	**Auch Ehepaare, die sich mit einem Ehevertrag, einem Testament oder einem Erbvertrag gegenseitig abgesichert haben, sollten prüfen, ob sich ihr Vermögen wie gewünscht aufteilen lässt. Besteht das Nachlassvermögen zum Beispiel nur aus einer Liegenschaft, muss der überlebende Partner das Haus vielleicht trotz Meistbegünstigung verkaufen, um die Pflichtteile der Kinder auszahlen zu können. Der Pflichtteil lässt sich nur umgehen, wenn die Kinder in einem notariell beglaubigten Erbvertrag freiwillig auf ihren Anspruch verzichten. Gegebenenfalls muss das Vermögen anders strukturiert werden. Manchmal lässt sich nur so verhindern, dass der hinterbliebene Partner nicht nur den Verlust seines Lebensgefährten verwinden muss, sondern auch noch mit finanziellen Problemen zu kämpfen hat.**
Absicherung des Konkubinatspartners	Sozialversicherungen und das Erbrecht sind auf klassische Familienverhältnisse mit Ehepartner und gemeinsamen Kindern ausgerichtet. Stirbt ein Konkubinatspartner, hat sein Lebensgefährte keinen Anspruch auf eine Hinterbliebenenrente der AHV. Bei vielen Pensionskassen erhält der Konkubinatspartner eine Hinterbliebenenrente oder eine einmalige Kapitalabfindung, wenn bestimmte Bedingungen erfüllt sind – zum Beispiel, wenn das Konkubinat seit mindestens fünf Jahren besteht.

Einen gesetzlichen Erbanspruch haben nur Blutsverwandte, Ehepartner und Adoptivkinder. Konkubinatspartner gehen leer aus, wenn der Verstorbene seinen Lebenspartner nicht zu Lebzeiten finanziell abgesichert hat. Mit einem Testament oder Erbvertrag kann man seinem Lebenspartner den Anteil am Erbe vermachen, der die Pflichtteile von Kindern und Eltern übersteigt.

Wenn Konkubinatspartner Kinder haben, sind die Begünstigungsmöglichkeiten beschränkt. Der Pflichtteil der Kinder beträgt 3/4 des Nachlassvermögens, sodass man seinem Partner mit einem Testament höchstens 1/4 zuweisen kann. Dieses Erbe wird in vielen Kantonen durch die Erbschaftssteuern erst noch stark geschmälert.

Verbessern lässt sich die Situation des Lebenspartners zum Beispiel mit Schenkungen zu Lebzeiten. Liegt eine Schenkung mehr als fünf Jahre zurück, wird sie bei der Berechnung der Pflichtteile in der Regel nicht mehr berücksichtigt.

Vor- und Nacherben

Viele Paare begünstigen sich gegenseitig so weit wie möglich. Die wenigsten regeln aber, was nach dem Tod des zweiten Partners mit dem Vermögen geschehen soll. Unter Umständen kommt dann jemand zum Zug, den der zuerst verstorbene Partner gar nicht berücksichtigen wollte. Das Erbrecht bietet Möglichkeiten, um auch über den Tod des Partners hinaus Einfluss auf den Weg des Vermögens zu nehmen. In einer letztwilligen Verfügung kann man nicht nur festlegen, wer das Vermögen unmittelbar erbt, sondern auch, an welche Nacherben es nach dem Tod dieser Vorerben gehen soll.

Vor- und Nacherben sind vor allem für Patchwork-Familien und Familien ohne Kinder interessant, die möchten, dass das Vermögen nach dem Tod des überlebenden Partners in der Familie des zuerst verstorbenen Partners bleibt. Ohne eine solche Regelung geht das ganze Vermögen an die Familie des Partners, der als Zweiter stirbt, auch wenn das Vermögen aus der Familie des zuerst Verstorbenen stammt. Das kann auch bedeuten, dass Familienangehörige leer ausgehen, die am meisten Kontakt zu den Verstorbenen hatten oder ihnen am nächsten standen.

Ein Beispiel: Ein Mann mit drei Kindern aus erster Ehe heiratet zum zweiten Mal. Nach dem Gesetz steht seiner Ehefrau die Hälfte seines Nachlasses zu, seinen Kindern die andere Hälfte. Für die freie Quote kann er seine Frau als Vorerbin einsetzen, die Kinder als Nacherben. Damit geht dieses Geld nach dem Tod der Frau zurück an seine Kinder. Setzt er keine Nacherben ein, geht die freie Quote an die Erben seiner zweiten Frau, und seine eigenen Kinder gehen leer aus.

Mit einer Nacherbschaft darf man nur die freie Quote belegen, Pflichtteile hingegen nicht. Der Pflichtteil des Vorerben geht immer an seine gesetzlichen Erben über, es sei denn, er verfüge etwas anderes. Auf die Weitergabe der Pflichtteile kann der Erblasser also keinen Einfluss nehmen.

Für die Erbschaftssteuer ist in den meisten Kantonen das Verwandtschaftsverhältnis zum ursprünglichen Erblasser ausschlaggebend, nicht das zum Vorerben.

Willens-vollstrecker

Die Erbteilung im Sinne des Verstorbenen ist eine anspruchsvolle Aufgabe. Die Erben sind damit oft überfordert – selbst wenn der Erblasser seinen Nachlass in einem Testament oder Erbvertrag geregelt hat. Häufig verzögert sich die Erbteilung, und die Verwaltung des Nachlasses wird vernachlässigt. Das kann die Erben viel Geld kosten. Oder es bricht gar Streit unter den Erben aus.

Der Erblasser kann solchen Problemen vorbeugen, indem er in seiner letztwilligen Verfügung einen Willensvollstrecker einsetzt. Der Willensvollstrecker setzt das Testament oder den Erbvertrag durch und sorgt für eine rasche und kostengünstige Erbteilung.

Die Einsetzung eines Willensvollstreckers ist besonders bei einem grösseren Nachlassvermögen mit Liegenschaften oder einem Unternehmen ratsam. Sie empfiehlt sich aber oft auch bei übersichtlichen Familien- und Vermögensverhältnissen, selbst wenn kein Streit unter den Erben zu befürchten ist.

Tipp	Als Willensvollstrecker kommen grundsätzlich auch Miterben, Verwandte oder Freunde des Erblassers in Frage. Das kann jedoch zu Interessenkonflikten führen oder bei Streit unter den Erben eine neutrale Optik verunmöglichen. Eine unabhängige Person oder Institution mit dem notwendigen Fachwissen und mit Erfahrung in erbrechtlichen Angelegenheiten ist deshalb in aller Regel die bessere Wahl. Damit ist die Neutralität gewahrt, und die Erben haben einen Dritten, der für alle tragfähige Lösungen vorschlägt.
Erbvorbezüge und Schenkungen	In der Schweiz ist ein grosser Teil des privaten Vermögens bei den über Sechzigjährigen konzentriert. Der Kapitalbedarf ist aber in jener Generation am höchsten, die Ausbildungen absolviert, sich selbstständig macht, Familien gründet und Wohneigentum erwirbt. Es ist deshalb durchaus sinnvoll, einen Teil des Familienvermögens schon zu Lebzeiten an die nächste oder übernächste Generation weiterzugeben. Die Schenkenden brauchen jedoch eine solide Einkommensplanung, damit sie ihre eigene finanzielle Unabhängigkeit nicht mit einer zu grossen Schenkung gefährden. Ausserdem möchten die wenigsten mit einem Erbvorbezug einzelne Erben auf Kosten der anderen bevorzugen. Einen Ausgleich kann man schon zu Lebzeiten oder bei der Erbteilung schaffen. Gesetzliche Erben müssen Schenkungen und Erbvorbezüge bei der Erbteilung wieder ausgleichen. Der Erblasser kann die Beschenkten in seinem Testament von dieser Ausgleichspflicht befreien, allerdings nur im Rahmen der freien Quote. Die Pflichtteile müssen gewahrt bleiben. Ist der Begünstigte kein gesetzlicher Erbe, spricht man nicht von einem Erbvorbezug, sondern von einer Schenkung. Begünstigte müssen nach dem Tod des Schenkers nur die Schenkungen ausgleichen, die weniger als fünf Jahre zurückliegen oder Pflichtteile verletzen.

Tipp	Ein Erbvorbezug oder eine Schenkung kann für böses Blut sorgen, wenn sich die anderen Erben benachteiligt fühlen. Wenn Sie den Familienfrieden nicht gefährden möchten, können Sie dem Erben statt eines Erbvorbezugs ein Darlehen gewähren. Ein Darlehen lässt sich zudem wieder kündigen, falls Sie das Geld später selber wieder brauchen. Ein Erbvorbezug hingegen ist endgültig. Einen Erbvorbezug, eine Schenkung oder ein Darlehen sollten Sie immer schriftlich regeln, auch unter Verwandten. Halten Sie bei einem Erbvorbezug insbesondere fest, ob bei der Erbteilung eine Ausgleichspflicht besteht.
Verschenktes Vermögen im Pflegefall	Die Menschen in der Schweiz werden immer älter. Dadurch steigt die Wahrscheinlichkeit, pflegebedürftig zu werden. Auf die Betroffenen kommen hohe Kosten zu, besonders wenn sie in ein Pflegeheim müssen. Pflegebedürftigen greift der Staat zwar finanziell unter die Arme, jedoch erst nachdem sie ihr Vermögen fast aufgebraucht haben. Nicht alle wollen sich damit abfinden, dass ihr Erspartes durch Pflegekosten aufgebraucht wird. Das lässt sich mit einer frühzeitigen Erbschaftsplanung zumindest teilweise verhindern. Zu Lebzeiten verschenktes Vermögen wird dem Pflegebedürftigen zwar als Vermögen angerechnet, wie wenn er es nicht verschenkt hätte. Der Betrag reduziert sich aber für jedes Jahr seit der Schenkung um 10'000 Franken.
Erbschafts- und Schenkungssteuern	Erbschaften, Erbvorbezüge und Schenkungen unterliegen der Erbschafts- und Schenkungssteuer. Die Steuer wird von dem Kanton erhoben, in dem der Schenkende beziehungsweise der Erblasser im Zeitpunkt der Erbschaft oder Schenkung lebt. Nur Immobilien werden immer an ihrem Standort besteuert. Die Höhe der Erbschafts- und Schenkungssteuer richtet sich nach dem Verwandtschaftsgrad. Die Ehepartner sind in der

Erbschafts- und Schenkungssteuern im Vergleich

Steuerbeträge 2009 in Fr. für eine Erbschaft/Schenkung von 500'000 Fr. unter Berücksichtigung der kantonal unterschiedlichen Freibeträge

Kanton	Kinder Erbschaft	Kinder Schenkung	Konkubinatspartner[1] Erbschaft	Konkubinatspartner[1] Schenkung	Nichtverwandte Erbschaft	Nichtverwandte Schenkung
AG	0	0	32'900	32'900	109'200	109'200
AI	4'000	4'000	99'000	99'000	99'000	99'000
AR	0	0	58'800	58'800	158'400	158'400
BE	0	0	43'800	43'800	116'800	116'800
BL	0	0	130'319	130'319	202'909	202'909
BS	0	0	52'290	52'500	156'870	157'500
FR[2]	0	0	69'424	69'424	185'130	185'130
GE	0	0	268'296	266'280	268'296	266'280
GL	0	0	45'080	45'080	112'700	112'700
GR[2]	0	0	0	0	147'900	147'900
JU	0	0	70'000	70'000	175'000	175'000
LU[2,3]	9'500	0	56'772	0	190'000	0
NE	13'500	15'000	100'000	100'000	225'000	225'000
NW	0	0	0	0	72'000	72'000
OW	0	0	0	0	100'000	100'000
SG	0	0	147'000	147'000	147'000	147'000
SH	0	0	176'500	176'500	176'500	176'500
SO[4]	4'000	0	154'000	145'770	154'000	145'770
SZ	0	0	0	0	0	0
TG	0	0	140'000	140'000	140'000	140'000
TI	0	0	179'753	179'753	179'753	179'753
UR	0	0	150'000	150'000	150'000	150'000
VD[2]	28'580	28'580	250'000	250'000	250'000	250'000
VS	0	0	125'000	125'000	125'000	125'000
ZG	0	0	0	0	70'900	70'900
ZH	0	0	122'400	122'400	140'400	140'400

1 Die günstigeren Steuertarife als für übrige Nichtverwandte gelten in vielen Kantonen nur, wenn das Konkubinat seit mindestens 5 bzw. 10 Jahren besteht.
2 Die Steuer kann je nach Gemeinde unterschiedlich ausfallen. Die angegebenen Steuerbeträge gelten für den Kantonshauptort.
3 Für Schenkungen, die bis 5 Jahre vor dem Tod des Schenkers erfolgten, wird nachträglich eine Erbschaftssteuer erhoben.
4 Inkl. Nachlasstaxe.

Quelle: Steuerberechnungsprogramm TaxWare

ganzen Schweiz von der Steuer befreit, in den meisten Kantonen auch die direkten Nachkommen. Nichtverwandte müssen dagegen nach wie vor sehr hohe Steuern zahlen, wenn sie erben oder beschenkt werden. Bei hohen Beträgen fällt oft ein Viertel oder sogar die Hälfte der Erbschaft an den Staat. Einige Kantone besteuern Konkubinatspartner, die seit mehr als fünf oder zehn Jahren im gleichen Haushalt leben, im Vergleich zu den übrigen Nichtverwandten relativ milde. Nur im Kanton Schwyz gehen alle Erben steuerfrei aus.

Tipp

Wenn Sie Erben vorsehen, die hohe Erbschaftssteuern zahlen müssen, sollten Sie Möglichkeiten zur Optimierung der Steuerbelastung für die Erben prüfen. Kaufen Sie zum Beispiel eine Liegenschaft in einem steuergünstigen Kanton, die Sie dann anstelle eines Barbetrages verschenken. Oder verbinden Sie eine Schenkung mit einer Nutzniessung. Dadurch vermindert sich der Schenkungsbetrag um den kapitalisierten Wert der Nutzniessung.
Auch eine Schenkung auf Umwegen kann Erbschaftssteuern sparen. Möchten Sie beispielsweise Ihrem Sohn und seiner Ehefrau etwas schenken, sollten Sie die Schenkung zuerst dem Sohn übertragen, weil direkte Nachkommen in den meisten Kantonen keine Schenkungssteuern bezahlen müssen. Der Sohn kann danach seiner Frau die Hälfte des Betrages ebenfalls steuerfrei weiterschenken.

Kapitel 6

Auswandern

Auswandern nach der Pensionierung

Viele Schweizerinnen und Schweizer erfüllen sich den Traum von einem Lebensabend im Ausland. Verlockend sind vor allem ein angenehmeres Klima oder günstigere Lebenshaltungskosten. Bevor man seine Zelte abbricht, sollte man alle rechtlichen und finanziellen Aspekte genau klären.

Einreise- und Aufenthaltsbedingungen

Seit Juni 2002 sind die bilateralen Abkommen über den freien Personenverkehr zwischen der Schweiz und der EU in Kraft. Ein Wohnsitzwechsel in die EU ist damit deutlich einfacher geworden. In allen EU- und EFTA-Staaten erhalten nicht-erwerbstätige Schweizer eine Aufenthaltserlaubnis für mindestens fünf Jahre, wenn sie finanziell unabhängig sind und über einen ausreichenden Krankenversicherungsschutz verfügen. Die Aufenthaltsbewilligung wird automatisch um mindestens fünf Jahre verlängert, wenn diese Voraussetzungen weiterhin erfüllt sind.

Viele Länder ausserhalb der EU sind bei der Erteilung von Niederlassungsbewilligungen für ältere Neueinwanderer sehr zurückhaltend. Die besten Aussichten haben kapitalkräftige Rentnerinnen und Rentner. Wer Möbel, Hausrat und Motorfahrzeuge mitnehmen will, sollte sich über die Zollvorschriften und Einfuhrgebühren informieren. Für Tiere gelten in vielen Ländern zum Teil sehr strenge Einfuhrvorschriften (Impfungen, Quarantäne).

Lebenshaltungskosten

Das Leben in Ländern mit schwachen Währungen scheint auf den ersten Blick oft günstiger, als es in Wirklichkeit ist. Entscheidend bei Preisvergleichen ist die Kaufkraft: Welche Güter können Sie mit Ihrem Nettoeinkommen am neuen Ort kaufen? Tabellen mit internationalen Kaufkraftvergleichen können helfen, die Ausgaben abzuschätzen. Beachten sollte man dabei, dass der Warenkorb wahrscheinlich anders aussehen wird als der eines lokalen Durchschnittshaushalts. Um den Lebensstandard aufrechtzuerhalten, den man in der Schweiz gewohnt ist, sind Mehrkosten wahrscheinlich.

AHV und Pensionskasse

Den Domizilwechsel sollte man der Pensionskasse und der AHV-Ausgleichskasse möglichst früh mitteilen, damit die Überweisung der Renten ohne Verzögerung klappt. Pensionskassen bestehen oft auf einer Überweisung auf ein Konto in der Schweiz. AHV- und IV-Renten dagegen kann man an jeden beliebigen Wohnort und in der Währung des Wohnsitzes überweisen lassen, sofern das keine lokalen Gesetze verletzt.

Seit dem Inkrafttreten der bilateralen Abkommen der Schweiz mit den EU-Staaten können Frühpensionierte, die in die EU auswandern, nicht mehr der freiwilligen AHV beitreten. Frühpensionierte, die in ein Land ausserhalb der EU auswandern, können der freiwilligen AHV nur dann beitreten, wenn sie die letzten fünf Jahre in der Schweiz AHV-versichert waren.

Krankenkasse und Unfallversicherung

Rentnerinnen und Rentner, die in einen EU-Staat auswandern und ihre Rente ausschliesslich aus der Schweiz erhalten, müssen sich grundsätzlich in der Schweiz bei einer beliebigen Krankenkasse gegen Krankheit und Unfall versichern. Dasselbe gilt, wenn sie auch eine Rente eines EU-Landes erhalten, aber am längsten in der Schweiz versichert waren. Auch ihre nicht-erwerbstätigen Familienangehörigen sind in diesem Fall in der Schweiz versichert. In einigen EU-Ländern ist es den Rentenbezügern und ihren nicht-erwerbstätigen Familienangehörigen freigestellt, ob sie sich in der Schweiz oder im Wohnsitzland versichern.

Die in der Schweiz versicherten Rentnerinnen und Rentner erhalten in jedem EU-Land die gleichen gesetzlichen Krankenpflegeleistungen wie die einheimische Bevölkerung und

Krankenversicherung für Personen mit Wohnsitz in einem EU-Land			
Versicherte	**Versicherung in der Schweiz oder im Wohnsitzland**	**Versicherung im Wohnsitzland**	**Versicherung in der Schweiz**
• Rentnerinnen und Rentner	• Deutschland, Frankreich, Italien, Österreich, Portugal, Spanien	• Liechtenstein	• u.a. Belgien, Dänemark, Griechenland, Grossbritannien, Irland, Luxemburg, Niederlande, Schweden
• Nichterwerbstätige Familienangehörige von Rentnerinnen und Rentnern	• Deutschland, Finnland, Frankreich, Italien, Österreich, Spanien	• Dänemark, Grossbritannien, Liechtenstein, Portugal, Schweden	• u.a. Belgien, Griechenland, Irland, Luxemburg, Niederlande

Quelle: Gemeinsame Einrichtung KVG (www.kvg.org)

müssen auch die dort vorgesehenen Kostenbeteiligungen bezahlen. Wer während der Ferien in einem anderen EU-Staat oder in der Schweiz erkrankt, hat Anspruch auf die gesetzlichen Versicherungsleistungen des Ferienlandes. Wer sich jedoch ohne Not gezielt in einem anderen Land (zum Beispiel in der Schweiz) behandeln lassen will, sollte sich vorher bei seiner Krankenkasse erkundigen, ob die Kosten ebenfalls übernommen werden.

Auch Rentnerinnen und Rentner, die in ein Land ausserhalb der EU auswandern, können unter Umständen in der Schweiz versichert bleiben. Viele Schweizer Krankenkassen bieten internationale Versicherungslösungen für Auslandschweizer an. Häufig kann man solche Versicherungen aber nur bei guter Gesundheit und nur bis zu einem bestimmten Alter abschliessen. Wer bei keiner Versicherung unterkommt, sollte abklären, ob die Schweiz mit dem betreffenden Domizilland ein Sozialversicherungsabkommen abgeschlossen hat, das wenigstens die Aufnahme in die minimale gesetzliche Krankenversicherung des Gastlandes gewährleistet.

Tipp
Klären Sie bei Ihrer Krankenkasse ab, ob Sie Ihre Zusatzversicherungen weiterführen oder gegen eine Gebühr sistieren können. Sistierte Zusatzversicherungen können Sie wieder in Kraft setzen, falls Sie später in die Schweiz zurückkehren.

Andere Versicherungen
Haftpflicht- und Hausratversicherungen muss man bei einem definitiven Wohnsitzwechsel auflösen und im Ausland neu abschliessen. Damit keine Deckungslücken entstehen, sollte man die neuen Policen möglichst schon auf den Termin der Übersiedelung abschliessen. Motorfahrzeugversicherungen kann man in einigen Fällen bei der Filiale der bisherigen Versicherung im Ausland weiterführen, ohne dass man seine Bonusstufe verliert.

Immobilien
Wer im Rentenalter auswandert, kauft sich am neuen Wohnort in der Regel eine Wohnung oder ein Haus. In einigen Ländern ist der Erwerb von Immobilien für ausländische Staatsangehörige allerdings beschränkt. Innerhalb der EU können Schweizer aber in jedem Land, in dem sie sich niederlassen, ohne Einschränkungen Grundstücke und Liegenschaften erwerben.

Bei der Auswahl und beim Kauf eines passenden Objektes empfiehlt es sich, seriöse Fachleute beizuziehen, die den lokalen Immobilienmarkt kennen und mit den rechtlichen Bestimmungen vertraut sind. Ideal ist es natürlich, wenn man eine Wohngelegenheit in der Schweiz behalten kann.

Schweizer Banken finanzieren in der Regel keine Immobilien im Ausland. Wer im neuen Domizilland eine Liegenschaft kauft, muss sie also meistens mit eigenen Mitteln finanzieren oder einen lokalen Kreditgeber finden.

Kapitalanlagen und Devisen	Das Vermögen wird voraussichtlich einen grossen Beitrag zum Lebensunterhalt leisten. Deshalb ist es entscheidend, dass das Geld optimal angelegt ist. Der Anlagefokus verlagert sich vom Schweizer Franken auf die Referenzwährung des Gastlandes, in der auch die Lebenshaltungskosten anfallen. Die Devisen, die man bei der Auswanderung benötigt, kauft man am besten in mehreren Tranchen, um einen möglichst günstigen Durchschnittskurs zu erhalten. Zu beachten sind die Bestimmungen des Gastlandes für das Ein- und Ausführen von Devisen.
Tipp	**Überprüfen Sie, ob Ihre Anlagestrategie die doppelt veränderte Situation mit der Aufgabe der Erwerbstätigkeit und dem Wechsel Ihres Wohnsitzes ins Ausland angemessen berücksichtigt. Wenn Sie in ein Land mit grossen Devisenkursschwankungen, hoher Inflation oder allgemein wirtschaftlich und politisch instabilen Verhältnissen übersiedeln, lassen Sie besser einen Teil des Vermögens in der Schweiz.**
Steuern	Mit dem definitiven Wegzug aus der Schweiz werden grundsätzlich das gesamte Einkommen und das Vermögen im Ausland steuerpflichtig. Für schweizerische Geschäftsbetriebe sowie für Immobilien in der Schweiz und den Ertrag daraus bleibt man jedoch in der Schweiz steuerpflichtig. Der Steuersatz richtet sich nach dem gesamten weltweiten Einkommen und Vermögen. Wer sein Einkommen und sein Vermögen im Ausland nicht deklariert, riskiert, dass ihn die Schweizer Steuerbehörde zum höchstmöglichen Steuersatz veranlagt. Zudem erhebt die Schweiz auf Dividenden sowie Bank- und Obligationenzinsen von Schweizer Gesellschaften eine Verrechnungssteuer von 35 Prozent. In der Regel kann man den gesamten Betrag zurückfordern, falls ein Doppelbesteuerungsabkommen zwischen der Schweiz und dem Wohnsitzstaat besteht. Doppelbesteuerungsabkommen verhindern,

dass dasselbe Einkommen oder Vermögen an zwei Orten versteuert werden muss.

Tipp **Das Steuersystem ist von Land zu Land sehr unterschiedlich. Es ist deshalb unumgänglich, die neue Situation vorher genau abzuklären und in die Finanzplanung miteinzubeziehen.**

Quellensteuern Auf Renten und bei Kapitalbezügen aus der zweiten Säule und der Säule 3a erhebt die Schweiz in den meisten Fällen eine Quellensteuer, wenn der Kapitalbezüger im Ausland wohnt. Die Quellensteuertarife sind in einigen Kantonen tiefer als die Tarife für die Kapitalauszahlungssteuer, die für in der Schweiz Wohnhafte gelten. Massgebend sind jedoch nicht die Quellensteuertarife am bisherigen Schweizer Wohnort des Kapitalbezügers. Den Ausschlag gibt der rechtliche Sitz der Vorsorge- oder Freizügigkeitsstiftung, bei der diese Guthaben deponiert sind. Wenn die Schweiz ein Doppelbesteuerungsabkommen mit dem betreffenden Land abgeschlossen hat, kann man die Quellensteuer im neuen Wohnsitzland zurückfordern.

Tipp **Wenn Sie die Quellensteuer nicht zurückfordern können, sollten Sie Ihre Vorsorgeguthaben zu einer Freizügigkeits- oder Vorsorgestiftung mit Sitz in einem Kanton mit niedrigen Quellensteuern transferieren und sie erst dann beziehen. Aber aufgepasst: Einige Stiftungen erheben Gebühren von mehreren hundert Franken, wenn das Kapital nur kurze Zeit bei ihnen parkiert ist.**

Alters- und Pflegeheime Beim Auswandern in ein fremdes Land denkt niemand gern daran, dass er später einmal auf fremde Hilfe oder auf Pflege angewiesen sein könnte. Leider kann jedoch niemand darauf bauen, bis ins hohe Alter gesund zu bleiben und für sich selbst sorgen zu können. Es ist nicht selbstverständlich, dass Alters- und Pflegeheime auch Einwanderern offen stehen. In vielen Fällen entsprechen diese Einrichtungen im Ausland auch nicht den Ansprüchen und Vorstellungen schweizerischer Auswanderer. Deshalb sollte man möglichst früh abklären, ob man in einem schweizerischen Alters- oder Pflegeheim aufgenommen wird, falls man zurückkommen möchte. Unter Umständen ist es sinnvoll, sich vor der Ausreise in einem Heim in der Schweiz anzumelden.

Nachlass

Noch weniger gern beschäftigt man sich mit dem Gedanken an den eigenen Tod und mit den Auswirkungen für die Hinterbliebenen. Wenn zum Beispiel der Lebenspartner allein in einem fremden Land zurückbleiben sollte, ist es noch wichtiger, rechtzeitig die notwendigen Vorkehrungen zu treffen. Auslandschweizer müssen abklären, welche Behörden sich mit der Abwicklung des Nachlasses befassen, welches Recht zur Anwendung kommt, welche formalen Anforderungen die letztwilligen Verfügungen erfüllen müssen und welcher Spielraum dabei besteht. In manchen Ländern erlaubt es die Rechtsordnung, dass man seinen Nachlass dem schweizerischen Recht unterstellt und dass man die Schweizer Behörden mit der Abwicklung der Erbteilung beauftragt.

Rückkehr in die Schweiz

Nicht immer erfüllt die Auswanderung alle Hoffnungen und Erwartungen. Gesundheitliche Probleme, der Tod des Partners, Einsamkeit in der ungewohnten Umgebung oder ganz einfach Heimweh sind Gründe, weshalb ein Teil der Auswanderer in die Schweiz zurückkehren möchte. Viele pensionierte Schweizerinnen und Schweizer wandern deshalb nicht aus, sondern verbringen nur während der kalten Jahreszeit ein paar Monate im Ausland. Das bedeutet natürlich einen zusätzlichen finanziellen Aufwand, kann aber durchaus die bessere Lösung sein als der definitive Wegzug. Der Weg zurück bleibt so jederzeit offen.

Tipp　Wenn immer möglich sollten Sie mehrmals längere Zeit in Ihrem neuen Gastland leben, bevor Sie die Schweiz definitiv verlassen. Ideal sind mehrere Aufenthalte von zwei bis drei Monaten während unterschiedlicher Jahreszeiten. Es ist wesentlich einfacher, notwendige Abklärungen an Ort und Stelle zu machen. Gleichzeitig können Sie viel besser beurteilen, was an Positivem und Negativem auf Sie zukommt. Sind Sie entschlossen, auszuwandern, sollten Sie mindestens ein Jahr vor der Ausreise mit der Planung Ihrer Finanzen anfangen.

Kapitel 7

Frühpensionierung

Die Frühpensionierung finanzieren

Die Mehrheit der Arbeitnehmerinnen und Arbeitnehmer möchte sich frühzeitig aus dem Berufsleben zurückziehen. Manche werden gegen ihren Willen in die Frühpensionierung entlassen, weil ihr Arbeitgeber aus wirtschaftlichen Gründen Arbeitsplätze abbaut. Eine freiwillige Frühpensionierung scheitert oft am fehlenden Geld, denn der frühe Abschied aus dem Erwerbsleben ist nicht gerade billig. Setzt man sich aber frühzeitig mit dem Thema auseinander, kann der vorzeitige Berufsausstieg gelingen. Die wichtigsten Themenkreise sind die Finanzierung der verbleibenden Jahre bis zur ordentlichen Pensionierung und die Koordination der ersten, zweiten und dritten Säule.

Einkommenslücke überbrücken	Im schweizerischen Vorsorgesystem löst im Normalfall die AHV zusammen mit der Pensionskassenrente das Erwerbseinkommen ab. Fällt das Berufseinkommen vor dem Erreichen des AHV-Alters weg, entsteht eine Einkommenslücke. Diese Einkommenslücke gilt es zu überbrücken. In Frage kommen zum Beispiel vorzeitige Bezüge von AHV- und Pensionskassenleistungen sowie der Verzehr von privaten Ersparnissen. Spezielle Überbrückungsrenten oder ein Nebenerwerb können ebenfalls helfen, eine Frühpensionierung zu ermöglichen. Es lohnt sich, alle zur Verfügung stehenden Möglichkeiten gründlich zu prüfen.
Vorbezug der Pensionskassenleistungen	Die meisten Pensionskassen lassen einen frühzeitigen Bezug der Altersleistungen ab 58 oder 60 Jahren zu. Wenn man seine Pensionskassenleistungen vorzeitig bezieht, ist das Alterskapital kleiner als bei einer ordentlichen Pensionierung, weil Beitragsjahre und Zinsgutschriften wegfallen. Zudem wird der Umwandlungssatz gekürzt, mit dem das Guthaben in eine lebenslange Rente umgerechnet wird. Die meisten

Frühpensionierung

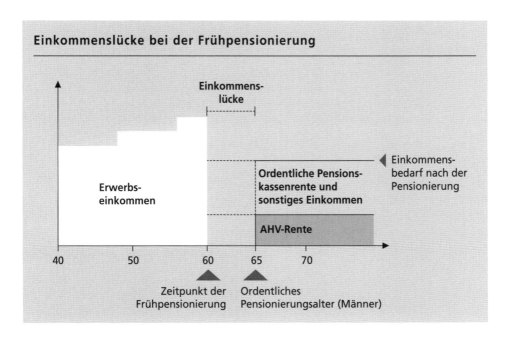

Pensionskassen kürzen die Renten von Frühpensionären um 5 bis 7 Prozent pro Vorbezugsjahr. Wer mit 63 statt 65 in Rente geht, verzichtet demnach auf 10 bis 14 Prozent Rente. Einige Arbeitgeber haben das ordentliche Pensionierungsalter generell um ein bis zwei Jahre herabgesetzt. Diese Beschäftigten können ihre Pensionskassenleistungen zum Beispiel bereits mit 63 beziehen, ohne Kürzungen in Kauf nehmen zu müssen.

Tipp

Mit zusätzlichen Einzahlungen in die Pensionskasse können Sie Ihre Altersleistungen aufbessern. Immer mehr Pensionskassen bieten die Möglichkeit an, eine Leistungskürzung bei einer Frühpensionierung mit freiwilligen Einkäufen auszugleichen. So entsteht ein zusätzliches Einkaufspotenzial für Versicherte, die den normalen Höchstbetrag bereits vollständig ausgeschöpft haben. Die zusätzlichen Altersleistungen dürfen die Altersleistungen bei einer ordentlichen Pensionierung allerdings um höchstens 5 Prozent übersteigen. Wenn jemand länger arbeitet als geplant, ist diese Obergrenze unter Umständen überschritten. Bei vielen Pensionskassen verfällt in so einem Fall das zu viel einbezahlte Kapital zugunsten der Pensionskasse.

AHV-Vorbezug und Überbrückungsrente

Die AHV-Rente kann man um ein oder zwei ganze Jahre vor das reguläre Pensionsalter vorverschieben. Sie wird im Gegenzug aber lebenslang gekürzt, in der Regel um 6,8 Prozent pro Vorbezugsjahr. Im Kapitel «AHV» haben wir aufgezeigt, warum sich ein Vorbezug oft nicht rechnet.

Bei vielen Pensionskassen können Frühpensionierte zusätzlich zur Pensionskassenrente eine sogenannte Überbrückungsrente beziehen. Die Überbrückungsrente wird so lange ausbezahlt, bis der Frühpensionierte das ordentliche Pensionsalter erreicht. Mit dieser Rente lässt sich ein AHV-Vorbezug umgehen. Meistens müssen die Frühpensionierten die Überbrückungsrente jedoch selbst finanzieren oder sich zumindest an den Kosten beteiligen. Die ausbezahlten Renten werden vom Pensionskassenguthaben abgezogen, was zu einer tieferen Altersrente führt.

Ein Beispiel: Die Pensionskasse bietet einem 62-jährigen Frühpensionär bis 65 eine Überbrückungsrente von 25'000 Franken pro Jahr an. Die Überbrückungsrente vermindert das Pensionskassenguthaben um 75'000 Franken. Das sind lebenslang rund 5'100 Franken weniger Rente pro Jahr. Bei einer Restlebenserwartung von 20 Jahren kumuliert sich die jährliche Einbusse auf 102'000 Franken. Ein allfälliger Teuerungsausgleich auf den Renten der Pensionskasse ist dabei noch nicht berücksichtigt. Zudem steigen mit der Überbrückungsrente in der Regel die AHV-Beiträge, weil die Beiträge von Nichterwerbstätigen auch auf dem Renteneinkommen erhoben werden.

In der Praxis gibt es eine Vielzahl von Rentenmodellen. Ob sich eine Überbrückungsrente lohnt, kann man im Einzelfall nur beurteilen, wenn man alle Aspekte berücksichtigt. Eine Überbrückungsrente ist vor allem dann interessant, wenn sich der Arbeitgeber an der Finanzierung beteiligt oder wenn man von einer stark verkürzten Lebenserwartung ausgehen muss.

Tipp **Wer unfreiwillig in die Frühpensionierung entlassen wird, sollte sehr genau prüfen, ob sich eine Überbrückungsrente lohnt. Die Arbeitslosenkasse rechnet eine Überbrückungsrente zum Einkommen und kürzt das Arbeitslosengeld.**

Weitere Überbrückungsmöglichkeiten Säule-3a-Guthaben eignen sich besonders gut, um die Einkommenslücke bei einer Frühpensionierung zu überbrücken. Diese Guthaben kann man schon fünf Jahre vor Erreichen des AHV-Alters ohne Angabe von Gründen beziehen. Auch andere Vermögenswerte lassen sich für die Überbrückung einsetzen. In Frage kommen vor allem liquide Anlagen in Schweizer Franken – beispielsweise Sparguthaben, Obligationen oder Obligationenfonds. Ebenfalls geeignet sind unter Umständen Kapitallebensversicherungen – vorausgesetzt, sie kommen während der Frühpensionierung zur Auszahlung. Eine vorzeitige Auflösung der Police lohnt sich normalerweise nicht, weil ein Rückkaufsverlust entsteht.

Eine weitere Finanzierungsquelle kann auch Wohneigentum sein. Das gilt insbesondere für Hausbesitzer, die ihre Hypothekarschulden während der Erwerbstätigkeit reduziert und dadurch viel Eigenkapital aufgebaut haben. Mit dem Aufstocken der Hypothek werden Mittel frei, die man zur Überbrückung einsetzen kann. Berücksichtigen muss man dabei, dass die Wohnkosten ansteigen können, wenn die Zinsen steigen. Gleichzeitig ist die Belehnung nach der Pensionierung in der Regel auf 65 Prozent des Verkehrswerts begrenzt. Auch ein Nebenerwerb oder eine selbstständige Tätigkeit sind Möglichkeiten, die Lücke zu schliessen. Sein Vorsorgekapital darf man jedoch auf keinen Fall für den Aufbau eines Geschäftes einsetzen: Wenn das Geld schneller aufgebraucht ist als erwartet, bleibt wenig Zeit, um noch einmal genug Kapital aufzubauen.

Kosten einer Frühpensionierung

Der vorzeitige Ausstieg aus dem Berufsleben ist teuer. Die Kosten einer Frühpensionierung mit 64 statt mit 65 Jahren entsprechen etwa einem Jahresgehalt. Es fällt ein Jahreseinkommen weg, bereinigt um die niedrigeren Einkommenssteuern und die AHV-Beiträge, die bis zum regulären AHV-

So viel kostet eine Frühpensionierung

Beispiel: Alleinstehender Mann, Nettolohn 90'000 Fr., versicherter BVG-Lohn 80'000 Fr., Angaben in Fr.

	Pensionierung mit		
	64 Jahren	62 Jahren	60 Jahren
Einkommenseinbusse bis 65			
Wegfall Nettolohn	90'000	270'000	450'000
AHV-Beiträge[1]	2'930	8'180	12'630
AHV-Rente[2]	−25'500	−47'280	−47'280
PK-Rente[3]	−51'420	−134'210	−193'210
Steuerersparnis[4]	−3'200	−19'340	−44'430
Netto-Einbusse	**12'810**	**77'350**	**177'710**
Kosten der lebenslangen Rentenkürzung ab 65			
Kürzung AHV-Rente/Jahr	1'860	3'720	3'720
Kürzung PK-Rente/Jahr	3'580	10'260	16'360
Steuerersparnis[4]	−1'090	−2'800	−4'020
Rentenkürzung netto/Jahr	4'350	11'180	16'060
Rentenkürzung kapitalisiert[5]	**79'090**	**203'270**	**292'000**
Kosten total	**91'900**	**280'620**	**469'710**

1 Berechnung auf Basis des 20-fachen Renteneinkommens und eines Reinvermögens von 500'000 Franken.
2 Vorbezug frühestens zwei Jahre vor Erreichen des regulären AHV-Alters möglich.
3 Bei einer Vollrente von 55'000 Franken und einer Kürzung des Umwandlungssatzes um 0,2 Prozent pro Vorbezugsjahr.
4 Bei einem Durchschnittssteuersatz von 20 Prozent.
5 Bei einem Kapitalisierungssatz von 5,5 Prozent.

Alter weiterhin gezahlt werden müssen. Zudem fallen die AHV- und die Pensionskassenrente wegen des Vorbezugs lebenslang tiefer aus.

Im Beispiel in der Tabelle auf der gegenüberliegenden Seite sind alle Kosten aufgeführt, die bei einer Frühpensionierung mit 60, 62 und 64 Jahren anfallen. Die Berechnungen basieren auf einem Netto-Jahreslohn von 90'000 Franken und einem BVG-Jahreslohn von 80'000 Franken. Während die Kosten einer Frühpensionierung mit 64 Jahren in unserem Beispiel rund 90'000 Franken betragen, machen sie bei einer Pensionierung mit 62 Jahren bereits 280'000 Franken und bei 60 Jahren sogar fast 470'000 Franken aus.

Der schrittweise Ausstieg ist eine gute Alternative

Wenn die Frühpensionierung zu teuer ist, kommt vielleicht eine schrittweise Reduktion des Arbeitspensums in Frage. Immer mehr Pensionskassen erlauben ihren Versicherten in diesem Fall einen vorzeitigen Bezug der Altersleistungen. Wer zum Beispiel mit 60 Jahren sein Arbeitspensum von 100 auf 70 Prozent reduziert, kann bereits dann 30 Prozent seines Pensionskassenguthabens beziehen. Die Einkommenseinbusse wegen des kleineren Pensums lässt sich damit zumindest teilweise ausgleichen.

Ein schrittweiser Rückzug aus dem Erwerbsleben ist für viele Arbeitnehmende auch aus einem anderen Grund attraktiv: sie können sich dadurch besser auf den neuen Lebensabschnitt einstellen. Ein abrupter Übergang vom Berufsleben in den Ruhestand bereitet vielen Pensionierten Mühe. Der ganze Tagesablauf verändert sich, und viel Gewohntes fällt auf einen Schlag weg. Das führt nicht selten zu Konflikten in der Partnerschaft und kann sogar eine Lebenskrise auslösen. Die Altersspanne für eine gleitende Pensionierung liegt je nach Pensionskasse zwischen 58 und 65 oder 70 Jahren. Die meisten Pensionskassen machen nur mit, wenn Teilpensionierte ihr Pensum um mindestens 20 bis 33 Prozent reduzie-

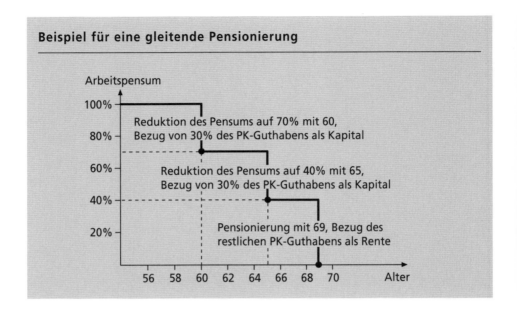

ren. Ein Teilbezug ist nur einmal pro Jahr möglich. Die Versicherten können in der Regel bei jedem Schritt wählen, ob sie das fällige Altersguthaben auszahlen lassen oder als Rente beziehen möchten. Vorsorgelücken kann man nur bis zum Beginn der Teilpensionierung schliessen: Nach dem ersten Bezug von Altersleistungen sind normalerweise keine freiwilligen Einkäufe in die Pensionskasse mehr möglich.

Teilpensionierung spart Steuern und AHV-Beiträge

Bei einer teilweisen Pensionierung sind auf dem Teilzeiteinkommen weiterhin AHV-Beiträge fällig. Die Beitragspflicht ist damit oft bereits erfüllt, und es fallen keine zusätzlichen AHV-Beiträge an, wie es bei einer vollständigen Frühpensionierung normalerweise der Fall ist.

Eine gestaffelte Pensionierung kann sich auch steuerlich lohnen, wenn man das Pensionskassenguthaben in Kapitalform bezieht. Bei mehreren Teilbezügen fallen wegen der Steuerprogression insgesamt weniger Steuern an als beim Bezug des gesamten Kapitals auf einen Schlag. Allerdings behandeln nicht alle Kantone solche Teilbezüge gleich. Mehrere Teilbezüge in aufeinanderfolgenden Jahren werden zum Teil als Steuerumgehung ausgelegt. Die Steuerbehörden zählen dann alle Bezüge zusammen und besteuern sie gemeinsam.

| Tipp | **Eine Steuerumgehung hat zwar keine Strafsteuern zur Folge. Klären Sie trotzdem besser im Voraus mit dem Steueramt ab, wie die geplante Teilpensionierung steuerlich behandelt wird.** |

Unfreiwillige Frühpensionierung

Unternehmen, die aus wirtschaftlichen Gründen Arbeitsplätze abbauen, entlassen oft zuerst ältere Mitarbeitende in die Frühpensionierung. Die Pensionskassen dürfen Arbeitnehmende zum vorzeitigen Bezug ihrer Altersleistungen zwingen, wenn sie bei ihrer Entlassung alt genug sind, um sich nach dem Reglement ihrer Pensionskasse frühzeitig pensionieren zu lassen. Sogar wenn jemand nur vorübergehend arbeitslos ist und weiterhin erwerbstätig sein möchte, darf die Pensionskasse die Altersleistungen auszahlen.

Ein vorzeitiger Bezug bedeutet aber, dass nicht nur die Altersleistungen der Pensionskasse tiefer ausfallen, sondern auch die Leistungen der Arbeitslosenversicherung, weil die Arbeitslosenkasse die Rente als Einkommen anrechnet. Das lässt sich nur vermeiden, wenn das PK-Guthaben vorübergehend auf ein Freizügigkeitskonto überwiesen wird, bis der Anspruch auf Arbeitslosengeld erloschen ist. Dafür muss das Reglement der Pensionskasse allerdings ein Wahlrecht zwischen Freizügigkeits- und Altersleistungen vorsehen.

Guthaben auf einem Freizügigkeitskonto kann man nur bar auszahlen lassen; Männer ab 60 Jahren, Frauen ab 59. Wer lieber eine Altersrente möchte, muss sein Guthaben an die Stiftung Auffangeinrichtung BVG des Bundes überweisen oder eine private Leibrente kaufen. Die dritte Möglichkeit ist der Abschluss einer Freizügigkeitspolice bei einer Versicherungsgesellschaft. Wer sich für die Auffangeinrichtung entscheidet, muss sich innert 30 Tagen seit der unfreiwilligen Erwerbsaufgabe anmelden. Die Auffangeinrichtung richtet nur Renten für das obligatorische Pensionskassenkapital aus.

Tipp	**Es lohnt sich zu prüfen, mit welcher Variante Ihre Rente nach Abzug der Steuern am höchsten ist. Renten von Pensionskassen, der Auffangeinrichtung und aus Freizügigkeitspolicen sind zu 100 Prozent als Einkommen steuerbar, Leibrenten zu 40 Prozent.**
Abgangs-entschädigung	Manche Arbeitgeber federn die finanziellen Auswirkungen einer unfreiwilligen Frühpensionierung mit einer Abgangsentschädigung ab. Die Arbeitnehmenden können diese Abfindung als Überbrückungskapital heranziehen. Sie hilft Löcher in der Altersvorsorge zu stopfen oder kann als Startkapital für die Aufnahme einer selbstständigen Erwerbstätigkeit dienen.

Der Staat besteuert Abfindungen mit Vorsorgecharakter deutlich milder als Abfindungen, die eine künftige Lohneinbusse ausgleichen und damit ein Ersatzeinkommen darstellen. Solche Ersatzeinkommen werden wie normales Einkommen besteuert. Der Bund und die meisten Kantone anerkennen den Vorsorgecharakter einer Abfindung, wenn der Frühpensionierte mindestens 55 Jahre alt ist und seine Haupterwerbstätigkeit definitiv aufgibt, und wenn wegen der Frühpensionierung eine Vorsorgelücke entsteht.

Beispiel: Ein 58-jähriger Geschäftsführer wird nach einer Reorganisation frühzeitig pensioniert und erhält das dreifache Jahressalär als Abfindung (total 500'000 Franken). Wegen der vorzeitigen Pensionierung fallen bis zur regulären Pensionierung Pensionskassenbeiträge von 200'000 Franken weg. Diesen Betrag anerkennt die Steuerbehörde als Abfindung mit Vorsorgecharakter. Deshalb kommt der reduzierte Steuersatz für Kapitalauszahlungen der zweiten Säule und der Säule

3a zur Anwendung. Die restlichen 300'000 Franken gelten als Ersatzeinkommen und werden als normales Einkommen besteuert. Beim Steuersatz wird allerdings berücksichtigt, dass es sich um eine einmalige Zahlung handelt.

Tipp Wenn Sie eine Abgangsentschädigung normal versteuern müssen, kann es sinnvoll sein, den Betrag in die Pensionskasse einzuzahlen – vorausgesetzt, Ihre Vorsorgelücke ist gross genug. Den Einkaufsbetrag können Sie dann in der Steuererklärung vom Einkommen abziehen und so die steuerlichen Auswirkungen der Abfindung abfedern. Den Betrag müssen Sie allerdings einzahlen, bevor Ihr Arbeitsverhältnis endet. Zahlt der Arbeitgeber eine Abfindung direkt in die Pensionskasse ein, sparen Arbeitnehmer und Arbeitgeber die AHV-Beiträge ein, die bei einer Auszahlung an den Arbeitnehmer anfallen.

Eine Einzahlung ist in der Regel nicht ratsam, wenn sich die Pensionskasse in einer Unterdeckung befindet. Falls die Firma Konkurs geht, wird die Pensionskasse liquidiert, und die Altersguthaben der Versicherten werden anteilsmässig um den Fehlbetrag gekürzt. Beträgt der Deckungsgrad der Pensionskasse 95 Prozent, erhalten die Versicherten nur noch 95 Prozent ihrer Guthaben. Das Gleiche gilt, wenn die Pensionskasse teilliquidiert wird. Zu einer Teilliquidation kommt es in der Regel dann, wenn der Arbeitgeber mindestens 10 Prozent der Belegschaft entlässt. Im Fall einer Liquidation oder Teilliquidation kann sich ein Einkauf als Verlustgeschäft erweisen.

Kapitel 8

Budget

Die Pensionierung budgetieren

Am Anfang jeder seriösen Pensionierungsplanung steht das Budget. Wer seine voraussichtlichen Ausgaben den Einnahmen nach der Pensionierung gegenüberstellt, sieht sofort, ob die Einkünfte zum Leben reichen. Das Budget stellt gleichzeitig die Basis für alle weiteren Planungsarbeiten dar. Erst wenn feststeht, wie viel Einkommen man jeden Monat benötigt, kann man die richtigen Entscheide fällen.

Was sich nach der Pensionierung ändert

Die wenigsten wissen ganz genau, wie viel Geld sie wofür ausgeben. Wer zum ersten Mal ein Budget erstellt, muss sich erst daran gewöhnen, seine Ausgaben regelmässig zu erfassen. Sinnvoll ist es, parallel ein Monats- und ein Jahresbudget zu führen. Wenn die aktuellen Ausgaben zusammengetragen sind, geht es darum, die Veränderungen nach der Pensionierung abzuschätzen. Die Erfahrung zeigt, dass einzelne Ausgaben abnehmen, andere hingegen steigen.

Die Kosten für den Arbeitsweg, für Berufskleidung und auswärtige Verpflegung fallen zum Beispiel ganz oder teilweise weg. Die Versicherungsprämien nehmen in der Regel etwas ab: Kapitallebensversicherungen sind fällig geworden, und eine Erwerbsunfähigkeitsversicherung ist nicht mehr nötig. Zusatzversicherungen der Krankenkasse wie zum Beispiel eine Versicherung für die halbprivate oder private Abteilung im Spital hingegen werden mit zunehmendem Alter teurer.

Die Steuern bleiben auch nach der Pensionierung ein wesentlicher Ausgabenblock. Die Steuerbelastung nimmt in der Regel zwar ab, oft aber viel weniger stark als erwartet. Auch die Wohnkosten nehmen nach der Pensionierung oft ab. Viele Hausbesitzer ziehen in eine Wohnung um, die günstiger ist, weniger Arbeit macht und den veränderten Bedürfnissen besser entspricht. Andere behalten ihr Haus, zahlen jedoch die Hypotheken teilweise oder ganz zurück.

Budgetvorlage (Teil 1)

	Aktuell		Nach der Pensionierung
Ausgaben	Monat	Jahr	Jahr
Wohnen			
• Hypothekar-/Mietzins	....	....	....
• Nebenkosten (Strom etc.)	....	....	....
• Unterhalt/Reparaturen	....	....	....
• Telefon, Radio, TV	....	....	....
Steuern			
• Staats- und Gemeindesteuer	....	....	....
• Direkte Bundessteuer	....	....	....
Versicherungen			
• Krankenkasse, Unfall	....	....	....
• Auto (inkl. Steuern)	....	....	....
• Haushalt/Haftpflicht	....	....	....
• Sonstige (z.B. Säule 3a)	....	....	....
Gesundheit			
• Arzt, Zahnarzt (Selbstbehalt)	....	....	....
• Optiker	....	....	....
• Körperpflege/Kosmetik	....	....	....
Haushalt			
• Nahrung, Getränke	....	....	....
• Auswärtige Verpflegung	....	....	....
• Kleidung	....	....	....
• Zeitungen, Zeitschriften	....	....	....
• Sonstiges (z.B. Haustiere)	....	....	....
Verkehr			
• Öffentliche Verkehrsmittel	....	....	....
• Auto (Benzin, Unterhalt)	....	....	....
Freizeit			
• Hobbys	....	....	....
• Ausgang und Ausflüge	....	....	....
• Bücher/Weiterbildung	....	....	....
• Ferien	....	....	....
Verschiedenes			
• Verbandsbeiträge	....	....	....
• Geschenke und Spenden	....	....	....
• Rückstellung Anschaffungen	....	....	....
• Alimente	....	....	....
• Reserven	....	....	....
Total Ausgaben	....	....	....

Budgetvorlage (Teil 2)

Einnahmen	Aktuell Monat	Jahr	Nach der Pensionierung Jahr
Einnahmen aus Nebenerwerb	....	....	....
AHV-Rente(n)	....	....	....
Pensionskassenrente(n)	....	....	....
Private Leibrente(n)	....	....	....
Wertschriftenerträge (netto)	....	....	....
Liegenschaftenerträge	....	....	....
Andere Einnahmen	....	....	....
Total Einnahmen	....	....	....
Fehlbetrag/Überschuss			
Einnahmen total (Übertrag)	....	....	....
Ausgaben total (Übertrag)	....	....	....
Fehlbetrag/Überschuss	....	....	....

Nach der Pensionierung bleibt mehr Zeit – auch zum Geldausgeben. Jetzt lassen sich Pläne verwirklichen, von denen man früher nur träumen konnte. Die Ausgaben für Ferien, Hobbys und andere Freizeitbeschäftigungen steigen deshalb in den ersten Jahren nach der Pensionierung oft deutlich an. Bei vielen Pensionierten sind es aber auch gesundheitliche Probleme, die zusätzliche Kosten verursachen.

Tipp

Auf der vorderen und auf dieser Seite finden Sie eine Vorlage für Ihr persönliches Budget. Nehmen Sie die Budgetierung ernst! Sie ist der Dreh- und Angelpunkt Ihrer Einkommens- und Vermögensplanung im Ruhestand. Erst wenn Ihr langfristiger Einkommensbedarf feststeht, können Sie Ihre Liquidität richtig planen und die passende Anlagestrategie für Ihr Vermögen wählen. Rechnen Sie konservativ: Planen

Sie lieber etwas höhere Ausgaben oder tiefere Einnahmen und Reserven für Neuanschaffungen und Unvorhergesehenes ein. Das bewahrt Sie vor einem finanziellen Engpass im Alter.

Einkommenslücke – was nun? Sind die erwarteten Ausgaben höher als die Einnahmen, gibt es zwei Möglichkeiten: Entweder reduziert man die Ausgaben, oder man bessert die Einnahmen auf. Wenn die Ersparnisse ausreichen, kann man die Einkommenslücke damit füllen. Wer sich im Alter nicht einschränken möchte und noch nicht genügend Vermögen aufgebaut hat, muss das bis zu seiner Pensionierung nachholen. Freiwillige Einkäufe in die Pensionskasse und Einzahlungen in die dritte Säule sind steuerlich privilegiert. Deshalb eignen sich diese beiden Sparformen besonders, um das notwendige Kapital aufzubauen.

Tipp Je früher Sie Lücken in Ihrer Altersvorsorge feststellen, desto besser können Sie sie noch füllen. Wenn Sie hingegen erst kurz vor der Pensionierung merken, dass Ihr Einkommen und Ihr Vermögen nicht ausreichen, müssen Sie im Alter wohl oder übel den Gürtel enger schnallen. Spätestens fünf bis zehn Jahre vor der Pensionierung ist eine Übersicht über alle Ausgaben und Einnahmen im Ruhestand dringend empfohlen.

Ausgaben reduzieren Zu den grössten Ausgabenposten gehören die Kosten für Wohnen, Steuern und Versicherungen. Zusammen machen sie in einem durchschnittlichen Schweizer Rentner-Haushalt rund die Hälfte aller Ausgaben aus, wie eine Erhebung des Bundesamts für Statistik zeigt (siehe Grafik auf der nächsten Seite). Wer sich finanziell einschränken muss, sollte also vor allem diese grossen Ausgabenblöcke genauer unter die Lupe nehmen. Überlegen sollte man zum Beispiel, ob die heutige Wohnsituation den Bedürfnissen und Prioritäten weiterhin

Typisches Budget eines Schweizer Rentner-Haushalts

Ausgaben in % bei einem durchschnittlichen Bruttoeinkommen von 6'015 Fr. pro Monat

- Krankenkasse und übrige Versicherungen — 13,4%
- Unterhaltung, Erholung, Kultur — 8,4%
- Verkehr — 6,7%
- Nahrung, Getränke, Bekleidung — 13,2%
- Gesundheitspflege — 6,7%
- Übrige Ausgaben[1] — 15,6%
- Wohnen, Energie — 19,8%
- Steuern — 16,2%

1 inkl. Sparbetrag von 1,4%
Quelle: Bundesamt für Statistik, Haushaltserhebung 2007

entspricht und ob sie auch nach der Pensionierung finanziell tragbar ist. Unter Umständen ist eine kleinere, pflegeleichtere und günstigere Wohnung sinnvoller als das Haus, das man mit der ganzen Familie bewohnt hat.

Wer seine Einkünfte und Steuerabzüge im Hinblick auf die Pensionierung optimiert, spart im Ruhestand jedes Jahr Steuern. Überprüfen sollte man unter anderem, ob die Hypothek eher zu hoch oder zu niedrig ist, und ob das Vermögen steuerlich optimal angelegt ist.

Auch bei den Versicherungsprämien lässt sich einiges optimieren. Nicht alle Versicherungen sind unbedingt nötig. Es lohnt sich nicht, Bagatellrisiken zu versichern. Prämien kann man auch sparen, indem man Selbstbehalte erhöht oder einen günstigeren Versicherer wählt.

Kapitel 9

Vermögen

Mit dem Vermögen das Einkommen nach der Pensionierung sichern

Die AHV- und Pensionskassenrenten allein reichen normalerweise nicht aus, um den gewohnten Lebensstil nach der Pensionierung fortzuführen. Wer sich nicht allzu stark einschränken will, ist jetzt auf Ersparnisse angewiesen. Die wenigsten haben so viel Vermögen aufgebaut, dass sie die Differenz zum Erwerbseinkommen allein mit den Zinserträgen ausgleichen können, die ihr Vermögen abwirft. Im Normalfall muss man das Vermögen nach und nach aufzehren. Das ist gut und richtig so – vorausgesetzt, der Kapitalverzehr ist sorgfältig geplant, damit das Einkommen bis ins hohe Alter gesichert bleibt. Ein Kapital verzehren kann man auf zwei Arten: Man investiert das Geld in eine Rentenversicherung, oder man legt es selber an beziehungsweise delegiert diese Aufgabe an einen professionellen Vermögensverwalter und zahlt sich sozusagen eine Ersatzrente aus.

Die garantierte Leibrente

Die Leibrente ist eine Versicherung, die eine lebenslängliche Rente garantiert. Die meisten Lebensversicherer bieten solche Renten an. Ähnlich wie Pensionskassen zahlen sie die versprochene Rente auch dann weiter, wenn der einbezahlte Betrag aufgebraucht ist. Diese Garantie muss man allerdings teuer erkaufen: Leibrenten sind meistens nur für die Versicherer und für die Policenverkäufer ein gutes Geschäft (siehe auch Seite 46).

Für eine einmalige Einzahlung von 100'000 Franken erhält ein 65-jähriger Mann heute eine garantierte Leibrente von ungefähr 4'500 Franken pro Jahr. Der Umwandlungssatz drückt die Jahresrente in Prozent der Einzahlung aus; in diesem Beispiel sind es 4,5 Prozent. Pensionskassen bieten einen deutlich höheren Umwandlungssatz: Für einen 65-jährigen Mann liegt er heute zwischen 5,8 und 7 Prozent.

Den Umwandlungssatz kann man nicht mit der Rendite gleichsetzen. Mit jeder Rentenzahlung wird nämlich auch ein Teil des einbezahlten Kapitals aufgebraucht. Ob sich eine Einzahlung in eine Rentenversicherung lohnt, hängt von der Lebenserwartung des Versicherten ab. Nur wer sehr alt wird, erlebt so viele Rentenzahlungen, dass die Police eine ansprechende Rendite abwirft.

Die meisten Lebensversicherer zahlen über die garantierten Leistungen hinaus einen Bonus, den sogenannten Überschuss. Überschüsse sind jedoch mit Vorsicht zu geniessen. Wenn die Ertragslage schlecht ist, darf die Versicherung diesen Bonus kürzen. Noch vor wenigen Jahren war es verpönt, die Überschüsse auf laufenden Leibrenten zu kürzen. Inzwischen haben die meisten Lebensversicherer dieses Tabu gebrochen.

40 Prozent der ausbezahlten Leibrente muss man als Einkommen versteuern. Die Policenverkäufer streichen das immer wieder als grossen Vorteil der Leibrente heraus. Was sie nicht erwähnen: Mit den 40 Prozent wird nicht nur der Zinsertrag besteuert, sondern auch ein Teil des Kapitalverzehrs.

Die Ersatzrente aus dem Privatvermögen

Viele Pensionierte legen ihr Vermögen heute selber an oder lassen es professionell verwalten. Jeden Monat beziehen sie genau so viel, wie sie zum Leben brauchen. Als Einkommen versteuern sie nur den Zinsertrag.

Ist es besser, mit seinen Ersparnissen eine Leibrente zu kaufen, oder dieses Geld selber anzulegen und kontrolliert zu verzehren? Machen wir eine Vergleichsrechnung:

Ein 65-jähriger Mann hat 300'000 Franken zur Verfügung. Damit kann er eine Leibrente von rund 13'500 Franken pro Jahr kaufen. Eventuell kommen Überschüsse hinzu. Sie sind aber nicht garantiert, deshalb rechnet man sie besser nicht ein. Da Leibrenten zu 40 Prozent als Einkommen zu versteuern sind, bleiben bei einem Grenzsteuersatz von 25 Prozent netto

12'150 Franken pro Jahr übrig. Verwaltet unser 65-Jähriger die 300'000 Franken Vermögen selber und zahlt sich davon jedes Jahr einen Betrag in der Höhe der garantierten Leibrente aus, muss er nur den Zinsertrag als Einkommen versteuern. Den Zinsertrag legen wir konservativ auf durchschnittlich 2 Prozent pro Jahr fest. Die Vermögenssteuer berücksichtigen wir in der Vergleichsrechnung nicht, weil sie in den meisten Kantonen relativ gering ausfällt und einige Kantone auch den Rückkaufswert von Leibrenten als Vermögen besteuern.

Der Unterschied zwischen den beiden Varianten zeigt sich am deutlichsten daran, wie schnell das Anfangskapital schrumpft (siehe Tabelle nebenan). Nach 20 Jahren – was ungefähr der Lebenserwartung eines 65-Jährigen entspricht – sind mit der Leibrente noch 22'700 Franken übrig, bei der Ersatzrente aus dem Privatvermögen immerhin noch 117'770 Franken. Für die Erben bedeutet das einen Unterschied von fast 100'000 Franken, wenn unser Pensionär mit 85 Jahren stirbt. Noch wichtiger ist, dass sich der Pensionär einen höheren Lebensstandard leisten kann, wenn er sein Geld selbst anlegt. Er kann sich auch dann eine höhere Ersatzrente auszahlen, wenn er zur Sicherheit mit einer Restlebenserwartung von 25 Jahren rechnet. Wenn er sich mit den 13'500 Franken begnügt, die er mit der Leibrente auf sicher hätte, ist sein Einkommen fast 30 Jahre lang gesichert.

Fazit: Eine Leibrente garantiert ein sicheres Einkommen bis ans Lebensende, ähnlich wie eine Pensionskassenrente. Sie ist bequem, weil man sich um die Anlage seiner Ersparnisse nicht zu kümmern braucht. Wer sein Geld selber anlegt und kontrolliert aufbraucht, fährt aber in der Regel deutlich besser: er kann sich mehr leisten, zahlt weniger Steuern, und am Ende bleibt auch für die Erben mehr übrig. Die Ersatzrente aus dem Privatvermögen ist deshalb die bessere Alternative zu einer Pensionskassenrente als die Leibrente.

Vergleich zwischen einer Leibrente und einer Ersatzrente aus dem Privatvermögen

Berechnungsgrundlage: Mann, 65 Jahre alt, investiertes Kapital 300'000 Fr.

Jahr	Leibrente			Kapitalverzehr		
	Jährliche Rente[1]	Rente nach Steuern[2]	Stand Kapital[3]	Jährliche Kapitalentnahme	Einkommen nach Steuern[4]	Stand Kapital
1	13'500	12'150	279'200	13'500	12'000	292'500
2	13'500	12'150	265'700	13'500	12'038	284'850
3	13'500	12'150	252'200	13'500	12'076	277'047
4	13'500	12'150	238'700	13'500	12'115	269'088
5	13'500	12'150	225'200	13'500	12'155	260'970
20	13'500	12'150	22'700	13'500	12'857	117'770
21	13'500	12'150	9'200	13'500	12'911	106'625
22	13'500	12'150	0	13'500	12'967	95'258
23	13'500	12'150	0	13'500	13'024	83'663
24	13'500	12'150	0	13'500	13'082	71'836
25	13'500	12'150	0	13'500	13'141	59'773
26	13'500	12'150	0	13'500	13'201	47'468
27	13'500	12'150	0	13'500	13'263	34'918
28	13'500	12'150	0	13'500	13'325	22'116
29	13'500	12'150	0	13'500	13'389	9'058

1 Leibrente mit Kapitalrückgewähr an die Hinterbliebenen, vertraglich garantierte Rente ohne Überschüsse.
2 Steuerbarer Anteil der Rente 40%, angenommener Grenzsteuersatz 25%.
3 Auszahlung bei Tod des Rentenbezügers (Rückgewährskapital).
4 Nach Abzug der Einkommenssteuern auf den Zinserträgen des angelegten Kapitals, angenommener Zinsertrag 2% pro Jahr, angenommener Grenzsteuersatz 25%.

Anlagestrategien für die Jahre nach der Pensionierung

Wer sein Geld selber anlegt, sollte seine Anlagestrategie vor der Pensionierung neu ausrichten. Jetzt steht nicht mehr der Vermögensaufbau im Vordergrund, sondern ein kontrollierter Vermögensverzehr. Die Anlagestrategie gibt vor, wie viel Geld in Aktien, wie viel in Obligationen und wie viel in kurzfristig verfügbare Mittel investiert werden soll.

Wer auf Einkommen aus dem Vermögen angewiesen ist, sollte hohe Risiken vermeiden. Meistens bedeutet das, dass die optimale Aktienquote nach der Pensionierung niedriger ausfallen wird. Wichtig sind jetzt auch zuverlässige Einkommensquellen, die ein regelmässiges Einkommen garantieren. Festverzinsliche Anlagen wie Obligationen eignen sich dafür grundsätzlich gut, solange die Zinsen nicht einbrechen. Solche Einkommenseinbussen lassen sich mit einer aktiven Bewirtschaftung vermeiden, indem man die Laufzeiten regelmässig an die aktuellen Marktbedingungen anpasst.

Ein ausreichender Betrag muss jederzeit kurzfristig verfügbar sein für den Fall, dass man unerwartet Geld braucht – zum Beispiel für eine grössere Reise oder um den Kindern einen Erbvorbezug zu gewähren. Immobilien kann man in der Regel nicht von heute auf morgen verkaufen, die meisten Wertpapiere dagegen schon. Im Hinblick auf die Einkommensbezüge sollte man bei der Auswahl der Geldanlagen auch darauf achten, wann die Erträge anfallen. Miet-Erträge aus Immobilien fallen meistens monatlich an, Zinsen aus Anleihen nur einmal im Jahr.

Für Pensionierte haben sich vor allem zwei Einkommensstrategien in der Praxis bewährt: eine Etappenstrategie und ein Modell, das ähnlich funktioniert wie eine Pensionskasse. Aus der gewählten Form der Einkommenssicherung lässt sich die Anlagestrategie ableiten.

Die Etappenstrategie	Bei dieser Strategie wird das verfügbare Geld in einen Verbrauchs- und einen Wachstumsteil aufgeteilt. In den Verbrauchsteil fliesst der Betrag, der nötig ist, um den Einkommensbedarf für die erste Planungsetappe von zehn Jahren zu decken. Dieses Geld wird sehr sicher und ausschliesslich kurzfristig angelegt (z.B. in Sparkonten, Festgelder, Franken-Obligationen etc.) und schrittweise aufgebraucht. Der Rest fliesst in den Wachstumsteil und sichert das Einkommen für die folgenden zehn Jahre. Weil der Anlagehorizont lang genug ist, kann man einen Teil davon in risikoreichere

Anlagen wie Aktien und Obligationen in Fremdwährungen investieren, die mehr Rendite versprechen. Der Wachstumsteil sollte den Substanzverlust des Verbrauchsteils mindestens so weit ausgleichen, dass am Ende einer Etappe genügend Kapital vorhanden ist, um den Einkommensbedarf für die folgende Etappe zu decken.

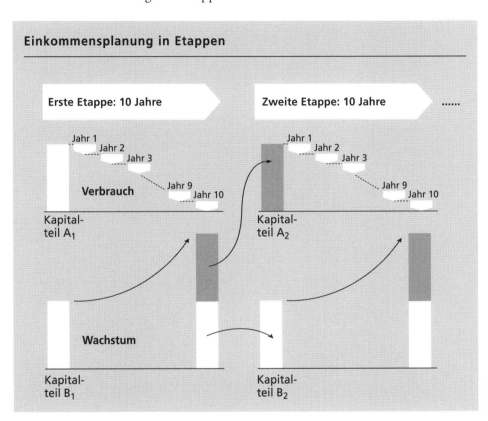

Einkommensplanung in Etappen

Die private Pensionskassenstrategie

Pensionskassen stellen die Guthaben ihrer Versicherten den Vorsorge- und Rentenverpflichtungen gegenüber, die sie auf den heutigen Wert diskontiert haben. Die Differenz zwischen den Guthaben und den diskontierten Vorsorgeverpflichtungen heisst Wertschwankungsreserve. Je mehr Reserven die Pensionskasse hat, desto leichter kann sie ihre Vorsorgeverpflichtungen erfüllen.

Die private Pensionskassenstrategie

Herleitung der Vorsorgeverpflichtungen

Jahr	Benötigtes Einkommen pro Jahr, inflationiert (Vorsorgeverpflichtungen)	Heutiger Wert der Vorsorgeverpflichtungen (diskontiert)	
1	50'000 Fr.	50'000 Fr.	
2	52'000 Fr.	52'000 Fr.	
3	54'000 Fr.	53'000 Fr.	Total der Vorsorge-
4	56'000 Fr.	54'000 Fr.	verpflichtungen:
5	58'000 Fr.	54'000 Fr.	1'257'000 Fr.
...	...	...	
23	91'000 Fr.	46'000 Fr.	
24	95'000 Fr.	47'000 Fr.	
25	100'000 Fr.	48'000 Fr.	

Persönliche Bilanz

Aktiven		Passiven	
PK-Guthaben	800'000 Fr.	Vorsorge- verpflichtungen	1'257'000 Fr.
3a-Guthaben	200'000 Fr.		
Wertschriften	300'000 Fr.		
Lebensversicherung	200'000 Fr.	Wertschwankungs- reserve	243'000 Fr.
Total	**1'500'000 Fr.**		

$$\text{Deckungsgrad:} \quad \frac{1'500'000}{1'257'000} = 119\%$$

Entwicklung der Wertschwankungsreserven (beispielhaft)

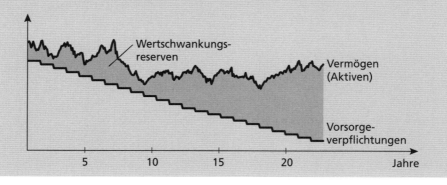

Wenn Pensionskassen verglichen werden, spricht man meistens vom Deckungsgrad, dem Verhältnis zwischen allen Guthaben und Verpflichtungen. Der Deckungsgrad sollte nicht unter 100 Prozent fallen, weil sonst nicht mehr alle Verpflichtungen gedeckt sind. Deshalb ergibt sich aus dem Deckungsgrad direkt der Spielraum für die Anlagestrategie der Pensionskasse: Bei einem Deckungsgrad von 118 Prozent zum Beispiel kann sie ihre Aktiven so anlegen, dass ihr Wert um bis zu 18 Prozent schwankt, ohne dass sie in eine Unterdeckung gerät.

Ganz ähnlich können jene Pensionierten vorgehen, die ihre Ersparnisse selbst anlegen möchten. Alle Vermögenswerte, die für die Sicherung des Einkommens zur Verfügung stehen, bilden die Aktiven in ihrer Bilanz – zum Beispiel das Pensionskassen- und andere persönliche Vorsorgeguthaben. Auf der Passivseite stehen die Vorsorgeverpflichtungen: Das ist die Summe aller Einkommen, die sie im Lauf der Jahre beziehen wollen, umgerechnet auf den heutigen Wert.

Der Pensionär muss seine Anlagestrategie so festgelegt, dass der Deckungsgrad nie unter 100 Prozent sinkt. Pensionskassen können sich eine vorübergehende Unterdeckung erlauben: Wenn sich ihre Anlagen nicht schnell genug erholen, können sie von den Versicherten zusätzliche Beiträge einfordern, um die Unterdeckung zu beheben. Pensionierte haben in der Regel nicht genug andere Mittel, um eine Unterdeckung auszugleichen.

Tipp **Wenn Sie Ihre Anlagestrategie selber festlegen und Ihr Vermögen selbstständig bewirtschaften, müssen Sie sich mit Geldanlagen sehr gut auskennen. Nur so können Sie die geeigneten Märkte und Titel auswählen. Ihre Entscheide müssen Sie laufend überprüfen und Ihre Anlagen je nach Entwicklung der Finanzmärkte anpassen, damit Sie die langfristige Sicherheit Ihres Einkommens nicht gefährden.**

Viele Pensionierte übertragen diese anspruchsvolle Aufgabe einem professionellen Vermögensverwalter. Doch nicht jeder Vermögensverwalter ist dafür gleich qualifiziert. Die Bewirtschaftung des Vermögens von Pensionierten stellt andere Anforderungen an einen Verwalter, als wenn der Kapitalaufbau im Vordergrund steht.

Der Vermögensverwalter muss sicherstellen, dass das Einkommen des Pensionärs jederzeit langfristig gesichert ist. Er muss die Kapitalanlagen des Pensionärs nicht nur aktiv bewirtschaften, sondern auch die Entwicklung der Wertschwankungsreserven sehr eng überwachen. Nur so kann der Vermögensverwalter umgehend die nötigen Massnahmen einleiten, wenn der Pensionär aufgrund aktueller Entwicklungen an den Finanzmärkten in eine Situation zu geraten droht, in der seine künftigen Vorsorgeverpflichtungen nicht mehr vollständig gedeckt sind. Wählen Sie deshalb unbedingt einen Vermögensverwalter aus, der Erfahrung mit der Einkommenssicherung nach der Pensionierung vorweisen kann.

Kapitel 10

Finanzplan

Die Planung der Finanzen

Wer seinen Lebensabend seriös vorbereiten möchte, braucht einen soliden Finanzplan. Er zeigt genau auf, wie sich Ausgaben, Einkommen und Vermögen bis zur Pensionierung und in den Jahren danach entwickeln. In einem Finanzplan lassen sich auch unterschiedliche Szenarien darstellen: Man kann zum Beispiel vergleichen, wie sich die Auszahlung des Pensionskassenguthabens und der Bezug der Pensionskassenrente langfristig auswirken. Das hilft beim Entscheid, wie viel Pensionskassenkapital man als Rente beziehen und wie viel man sich auszahlen lassen soll. Schliesslich gibt der Finanzplan auch Aufschluss darüber, welcher Teil des Vermögens nicht für die kurzfristige Einkommenssicherung benötigt wird. Dieses Geld lässt sich längerfristig anlegen, um damit eine höhere Rendite zu erzielen.

Ausgestaltung des Finanzplans Die statistische Lebenserwartung gibt einen Anhaltspunkt dafür, wie viele Jahre eine Planrechnung mindestens umfassen sollte. Ein 65-jähriger Mann kann heute im Durchschnitt noch mit 18 Lebensjahren rechnen. Gleichaltrige Frauen leben durchschnittlich etwa vier Jahre länger als die Männer. Ein Finanzplan sollte alle Einnahmen und Ausgaben und das gesamte Vermögen umfassen – ohne Ausnahmen.

Im stark vereinfachten Beispiel auf der nächsten Seite verwendet ein Ehepaar die Auszahlung der Säule 3a, um einen Teil der Hypothek zurückzuzahlen. Ihr Pensionskassenguthaben beziehen sie zur Hälfte als Rente. Zusammen mit der AHV ergibt das ein Jahreseinkommen von rund 62'000 Franken. Die Ausgaben betragen 89'000 Franken. Jedes Jahr entsteht also eine Einkommenslücke von rund 27'000 Franken. Für die Finanzierung dieser Lücke stehen die Hälfte des Pensionskassenkapitals, die Kontoguthaben und Wertschriften zur Verfügung.

Finanzplan

Finanzplan für den Ruhestand

Illustratives Beispiel (stark vereinfacht)

	2009	2010	2011	... 2029	... 2034
Einnahmen:					
• AHV-Rente[1]	40'000	40'000	40'000	40'000	40'000
• Pensionskassenrente[2]	22'000	22'000	22'000	22'000	22'000
Total Einnahmen	**62'000**	**62'000**	**62'000**	**... 62'000**	**... 62'000**
Ausgaben:					
• Lebenshaltungskosten[3]	55'000	56'000	57'000	83'000	90'000
• Wohnkosten[4]	24'000	24'000	24'000	24'000	24'000
• Steuern	10'000	10'000	10'000	7'000	6'000
Total Ausgaben	**89'000**	**90'000**	**91'000**	**... 114'000**	**... 120'000**
Benötigtes Einkommen aus dem Vermögen	**−27'000**	**−28'000**	**−29'000**	**−52'000**	**−58'000**
Vermögen:					
Guthaben (Konto, Wertschriften usw.)[5]	720'000	722'000	723'000	444'000	223'000
Liegenschaft	800'000	800'000	800'000	800'000	800'000
./. Schulden (Hypothek)	−350'000	−350'000	−350'000	−350'000	−350'000
Total Vermögen	**1'170'000**	**1'172'000**	**1'173'000**	**... 894'000**	**... 673'000**

1 Maximale Ehepaarrente (Teuerungsausgleich aus Vorsichtsgründen nicht berücksichtigt).
2 Pensionskassenguthaben von insgesamt 700'000 Fr.; Rentenumwandlungssatz von 6,5%; 50% als Kapital bezogen.
3 Inflationiert.
4 Hypothekarzinsen sowie Unterhalts-/Nebenkosten.
5 Inklusive 50% des Pensionskassenkapitals; erwartete Rendite von 4,5% pro Jahr.

Wichtige Eckwerte

Ein aussagekräftiger Finanzplan beruht auf realistischen Annahmen. Die Einnahmen nach der Pensionierung müssen im Finanzplan möglichst genau erfasst werden. Dasselbe gilt natürlich auch für die Ausgaben wie etwa Steuern, Wohnkosten und Lebenshaltungskosten. Künftige Veränderungen bei den Einnahmen und Ausgaben sind ebenso zu berücksichtigen wie vorhersehbare Vermögenszu- und -abgänge.
Die Rendite der Vermögensanlagen sollte man besonders sorgfältig abschätzen. Sie hat einen entscheidenden Einfluss auf die Entwicklung des Vermögens und auf die Höhe des Einkommens.

Bei der langfristigen Planung der Lebenshaltungskosten fällt die Teuerung stark ins Gewicht. Sie verringert die Kaufkraft des Geldes und erhöht so den Einkommensbedarf. Wer heute 5'000 Franken im Monat ausgibt, braucht bei einer jährlichen Inflation von 2 Prozent in zehn Jahren bereits 6'100 Franken, um den gewohnten Lebensstandard beizubehalten, in 20 Jahren fast 7'500 Franken.

Halten die Einkünfte nicht mit der Teuerung Schritt, wird die Einkommenslücke von Jahr zu Jahr grösser. Die meisten Pensionskassen gleichen die Teuerung in der Regel nicht oder nur teilweise aus. Die AHV passt ihre Altersrenten mindestens alle zwei Jahre an. Es kann jedoch sein, dass auch die AHV den Teuerungsausgleich in Zukunft von ihrer finanziellen Situation abhängig macht.

Tipp

Vermeiden Sie in Ihrem Finanzplan unrealistische Annahmen und rechnen Sie ausreichend Reserven mit ein. Prüfen Sie, ob Ihr Einkommen auch dann gesichert ist, wenn Sie länger leben als angenommen, wenn unvorhergesehene Ausgaben anfallen, Ihre Geldanlagen weniger gut rentieren oder die Inflation höher ist als erwartet. Überprüfen Sie Ihren Finanzplan von Zeit zu Zeit: Verändern sich Ihre Familien- oder Wohnverhältnisse oder die gesetzlichen Rahmenbedingungen, müssen Sie Ihren Finanzplan anpassen.

Wenn Sie unsicher sind, holen Sie besser Unterstützung von einem Berater, der sich mit der Pensionierungsplanung auskennt und unabhängig ist. Berater, die Provisionen erhalten, empfehlen leider oft die Lösungen und Produkte, mit denen sie am meisten verdienen. Unabhängige Berater verlangen für ihre Dienste ein Honorar. Doch nicht jeder Berater, der ein Honorar berechnet, ist wirklich unabhängig. Auch Bankberater verrechnen ihre Beratung manchmal gegen Honorar; als Produktanbieter sind sie jedoch nicht frei von Interessenskonflikten.

Kapitel 11

Checkliste

Die wichtigsten Planungsaufgaben im Überblick

Wer seinen Ruhestand unbeschwert geniessen möchte, sollte sich möglichst gut darauf vorbereiten. Die wichtigsten Planungsaufgaben im Zusammenhang mit der Pensionierung haben wir hier für Sie zusammengefasst. Dieser Überblick dient Ihnen auch als Checkliste, damit Sie wissen, wann Sie was erledigen oder in die Wege leiten müssen. Wenn Sie sich daran halten, vergessen Sie nichts Wesentliches und verpassen auch keine wichtigen Fristen.

Zwischen 50 und 55 Jahren

- Erstellen Sie eine Übersicht über Ihr Vermögen (Immobilien, Kontoguthaben, Vorsorgegelder aus der zweiten Säule und der Säule 3a, Wertschriften, Lebensversicherungen, Beteiligungen, Erbanwartschaften etc.) und über Ihre Schulden (Hypothek usw.). Vermerken Sie die Verfügbarkeit der einzelnen Vermögenswerte.
- Erstellen Sie ein Budget und überprüfen Sie, ob Ihre voraussichtlichen Einnahmen nach der Pensionierung ausreichen, um die Ausgaben zu decken.
- Falls sich eine Einkommenslücke ergibt: Ermitteln Sie, wie viel zusätzliches Kapital Sie benötigen, um diese Lücke zu schliessen.
- Finden Sie Wege, wie Sie dieses Kapital am besten ansparen.

Vier bis fünf Jahre vor der Pensionierung

- Legen Sie das Datum Ihrer Pensionierung fest.
- Klären Sie ab, welchen Teil Ihres Pensionskassenguthabens Sie als Kapital beziehen können, und welche Anmeldefrist Sie bei einem Kapitalbezug einhalten müssen.
- Wägen Sie die Vor- und Nachteile des Renten- und des Kapitalbezugs sorgfältig ab und entscheiden Sie dann, ob Sie alles als Rente beziehen oder mindestens einen Teil auszahlen lassen wollen.

- Wenn Sie sich für einen Kapitalbezug entschieden haben, melden Sie ihn vor Ablauf der Frist bei Ihrer Pensionskasse an.
- Jetzt ist oft die letzte Gelegenheit für einen steuerlich lukrativen Einkauf in die Pensionskasse – vor allem dann, wenn Sie den einbezahlten Betrag bei der Pensionierung wieder auszahlen lassen möchten. Berechnen Sie zuerst die Rendite des Einkaufs und vergleichen Sie sie mit anderen Kapitalanlagen, bevor Sie sich entscheiden.
- Machen Sie sich Gedanken zu Ihrer Wohnsituation: Wollen Sie Ihr Haus behalten, oder möchten Sie nach der Pensionierung in eine Eigentumswohnung ziehen? Entscheiden Sie, ob Sie Ihre Hypothek ganz oder teilweise amortisieren wollen, und passen Sie je nachdem die Laufzeiten an. Wenn Sie in eine Wohnung umziehen möchten, sollten Sie sich rechtzeitig nach geeigneten Objekten umsehen.
- Legen Sie fest, wann Sie Ihre Vorsorgeguthaben aus der zweiten Säule und der Säule 3a beziehen wollen. Verteilen Sie die Bezüge über mehrere Jahre: So können Sie wahrscheinlich mehrere tausend Franken Steuern sparen.
- Definieren Sie die Ziele für Ihr Vermögen neu: Müssen Sie es kontrolliert verzehren, um Ihr Einkommen zu sichern, oder können Sie es sich leisten, die Substanz für Ihre Erben zu erhalten?
- Überlegen Sie, wie Sie Ihr Einkommen nach der Pensionierung sichern wollen: Lohnt sich zum Beispiel der Kauf einer Leibrentenversicherung, oder legen Sie dieses Geld besser selber an und verzehren es nach Ihrem eigenen Plan?
- Legen Sie Ihre neue Anlagestrategie fest.
- Erstellen Sie einen detaillierten Finanzplan, der die Entwicklung der Ausgaben, der Einnahmen und des Vermögens bis zur Pensionierung und die Zeit danach aufzeigt.
- Suchen Sie einen vertrauenswürdigen Berater, der Sie bei allen wichtigen Entscheidungen unterstützt und der einen verlässlichen Finanzplan für Sie ausarbeitet.

Ein Jahr vor der Pensionierung	• Schichten Sie Ihr Vermögen so um, dass Ihr Einkommen langfristig gesichert ist, und passen Sie Ihre Anlagestrategie entsprechend an. • Wählen Sie einen geeigneten Vermögensverwalter aus, wenn Sie Ihre Anlagestrategie nicht allein festlegen und Ihr Vermögen nicht selbst bewirtschaften möchten. • Kündigen Sie Ihre Hypothek rechtzeitig, wenn Sie bei der Pensionierung den ganzen Betrag oder einen Teil davon zurückzahlen möchten. • Regeln Sie spätestens jetzt Ihren Nachlass: Sichern Sie Ihre Nächsten mit einem Testament, einem Ehevertrag oder mit einem Erbvertrag ab. Die Nachlassplanung ist noch wichtiger, wenn Sie Ihr Pensionskassenguthaben ganz oder teilweise auszahlen lassen. • Prüfen Sie, ob Sie in Ihrer letztwilligen Verfügung einen Willensvollstrecker einsetzen sollten.
Drei bis vier Monate vor der Pensionierung	• Melden Sie Ihre Pensionierung mindestens drei Monate vor dem letzten Arbeitstag bei Ihrer AHV-Zweigstelle an, damit Ihre erste Rente pünktlich überwiesen wird. Auch wenn Sie den Bezug Ihrer Rente aufschieben möchten, teilen Sie das der AHV am besten jetzt schon mit. • Zahlen Sie den 3a-Beitrag für das Jahr, in dem Sie in Pension gehen, vor dem Datum Ihrer Pensionierung ein.
Nach der Pensionierung	• Prüfen Sie, ob Ihr Ehepartner AHV-Beiträge zahlen muss, falls er noch nicht im AHV-Alter und nicht erwerbstätig ist. • Behalten Sie Ihre Finanzen immer im Auge. Kontrollieren Sie die Einhaltung Ihres Finanzplans, damit Ihnen später nicht plötzlich das Geld ausgeht. • Passen Sie Ihre Planung an, wenn sich Ihre Lebenssituation oder die gesetzlichen Rahmenbedingungen ändern. • Wenn Sie über das ordentliche Pensionierungsalter hinaus erwerbstätig bleiben, dürfen Sie weiterhin in die Säule 3a ein-

zahlen – Männer längstens bis 70, Frauen bis 69. Prüfen Sie, ob sich das in Ihrem Fall lohnt.

Zusätzliche Aufgaben bei einer Frühpensionierung

Wenn Sie eine Frühpensionierung planen, sollten Sie zusätzlich die folgenden Punkte beachten:
- Klären Sie ab, wann Sie Ihre Pensionskassenleistungen und die AHV-Rente frühestens beziehen können, und lassen Sie Ihre voraussichtlichen Altersrenten für den gewünschten Pensionierungszeitpunkt von der AHV-Ausgleichskasse und der Pensionskasse berechnen.
- Fragen Sie Ihren Arbeitgeber, ob er Ihren vorzeitigen Ausstieg finanziell unterstützt, zum Beispiel mit einer Überbrückungsrente bis zum regulären Pensionsalter.
- Prüfen Sie, ob sich ein Vorbezug der AHV- und Pensionskassenrente beziehungsweise der Bezug einer Überbrückungsrente lohnt. Vergleichen Sie auch andere Möglichkeiten zur Überbrückung der Einkommenslücke, zum Beispiel den frühzeitigen Bezug von Säule-3a-Guthaben.
- Melden Sie sich nach der Frühpensionierung bei Ihrer AHV-Ausgleichskasse und zahlen Sie die AHV-Beiträge für Nichterwerbstätige. Jede Beitragslücke kann eine Kürzung Ihrer Rente zur Folge haben. Erkundigen Sie sich nach Möglichkeiten, wie Sie Ihre AHV-Beiträge senken können (z.B. eine Teilpensionierung oder ein Nebenerwerb).

Weitere nützliche Bücher vom VZ

108 Seiten, Paperback,
Preis: 29 Fr.

Erhältlich im Buchhandel oder beim VZ (vermoegenszentrum.ch)

VZ-Ratgeber «Hypotheken»

- Wie wirkt sich eine Hypothek auf meine Steuern aus?
- Soll ich mein Pensionskassengeld zur Eigenheimfinanzierung einsetzen?
- Welche Hypothekarmodelle gibt es?
- Belehnungshöhe: Wie viel Hypothek ist sinnvoll?
- Welches ist die beste Hypothekarstrategie?
- Wie finde ich den günstigsten Kreditgeber?

Nur wenige nützen das Sparpotenzial aus, das sie bei der Finanzierung ihres Eigenheims haben. Dieser VZ-Ratgeber zeigt auf, wie Eigenheimbesitzer ihre Hypothekarzinsen und ihre Steuerbelastung optimieren können: vom Einsatz der Pensionskassengelder über die richtige Hypothekarhöhe bis zur Wahl des besten Hypothekarmodells und bis zur Verbesserung des Kreditratings. Empfohlen für Eigenheimbesitzer und alle, die es werden wollen.

108 Seiten, Paperback,
Preis: 29 Fr.

Erhältlich im Buchhandel oder beim VZ (vermoegenszentrum.ch)

VZ-Ratgeber «Erben und Schenken»

- Was gehört zum Nachlassvermögen?
- Die gesetzliche Erbfolge: Wer erbt wie viel?
- Testament und Erbvertrag: Was kann man selber bestimmen?
- Wie sichern sich Paare gegenseitig ab?
- Welche Rechte und Pflichten haben Erben?
- Nachlassplanung: Wie geht man am besten vor?

Noch nie haben Schweizerinnen und Schweizer so viel vererbt und verschenkt wie heute. Nur wer sich rechtzeitig mit diesem Thema auseinandersetzt, kann mitbestimmen, wer was bekommt. In unserem Ratgeber erfahren Sie alles Wichtige über gesetzliche Erbfolge und Pflichtteile, Testamente und Erbverträge, Erbgang, Absicherung des Ehepartners, Erbvorbezüge, Erbschafts- und Schenkungssteuern.

120 Seiten, Paperback,
Preis: 29 Fr.

Erhältlich im Buchhandel oder beim VZ (vermoegenszentrum.ch)

VZ-Ratgeber «Steuern»

- Wie kann ich meine Steuern reduzieren?
- Wie lege ich mein Geld steueroptimiert an?
- Welche Entscheide wirken sich auf die Steuern im Ruhestand aus?
- Wie lassen sich Erbschafts- und Schenkungssteuern reduzieren?
- Wie gehe ich bei Steuerstreitigkeiten vor?

Das Schweizer Steuersystem ist für die meisten ein Buch mit sieben Siegeln. Jeder Kanton und der Bund haben je ein eigenes Steuergesetz. Dieser Ratgeber konzentriert sich auf das Wichtigste, was Privatpersonen im Zusammenhang mit Steuern wissen müssen, und gibt Tipps, wie sie ihre Steuerbelastung erheblich reduzieren können. Viele Steuervergleiche zeigen zudem auf, wie gross die Unterschiede von Kanton zu Kanton sind.

136 Seiten, Paperback,
Preis: 29 Fr.

Erhältlich im Buchhandel oder beim VZ (vermoegenszentrum.ch)

VZ-Ratgeber «Spenden und Stiften»

- Welcher Spendertyp bin ich?
- Was muss ich bei einem Vermächtnis berücksichtigen?
- Wie gross muss das Stiftungsvermögen sein, damit sich eine eigene Stiftung lohnt?
- Warum gibt es in der Schweiz keine neu errichteten Familienstiftungen mehr?
- Wie kann ich mit Stiften und Spenden Steuern sparen?

Schweizerinnen und Schweizer spenden jedes Jahr etwa eine Milliarde Franken. Die Anzahl gemeinnütziger Stiftungen wächst kontinuierlich: Es gibt rund 12'000 in der Schweiz und jedes Jahr kommen ein paar hundert hinzu. Erfahren Sie alles Wichtige zu Spendeverhalten und Stiftungslandschaft. Wie Sie mit gemeinnützigen Stiftungen und als Spenderin oder Spender am besten Steuern sparen. Und wie Sie Personen oder Institutionen begünstigen können, die ausserhalb der gesetzlichen Erbfolge stehen.

Autor:
Dr. Erik Johner, LL. M.,
Advokat in Basel und Zürich

250 Seiten, Paperback,
Preis: 39 Fr.

Erhältlich im Buchhandel oder beim VZ (vermoegenszentrum.ch)

VZ-Ratgeber «Scheidung»

- Nach welchen Regeln wird das Vermögen geteilt?
- Was passiert mit dem Unternehmen?
- Wie wird der Unterhalt für den Ehepartner und die Kinder festgelegt?
- Wer darf in der gemeinsamen Wohnung bleiben?
- Was bedeutet eine Scheidung für die Vorsorge?
- Wie laufen Trennung und Scheidung ab?

Die finanziellen Folgen einer Trennung oder Scheidung sind einschneidend. Dieser Ratgeber geht auf die speziellen Bedürfnisse von Gutverdienenden wie Selbstständige und Führungskräfte ein. Der Autor zeigt zudem die Folgen einer Scheidung für das eigene oder das gemeinsam mit dem Ehepartner geführte Unternehmen auf. Dieser Praxisratgeber richtet sich an die direkt Betroffenen. Das Rechtliche ist deshalb auch für Laien möglichst verständlich formuliert und mit vielen Beispielen veranschaulicht.